Benny Galdi

Strategie in tempo di pandemia da Covid-19

Benny Galdi

Strategie in tempo di pandemia da Covid-19

Proposte di ripartenza tra didattica e pastorale

Edizioni Sant'Antonio

Cover image: www.ingimage.com

Publisher:
Edizioni Accademiche Italiane
is a trademark of
Dodo Books Indian Ocean Ltd., member of the OmniScriptum S.R.L Publishing group
str. A.Russo 15, of. 61, Chisinau-2068, Republic of Moldova Europe
Printed at: see last page
ISBN: 978-613-8-39407-5

A tutti coloro
che con il loro apporto
hanno reso possibile
la realizzazione
di questo lavoro.

SIGLE E ABBREVIAZIONI

Per i testi biblici si usano le abbreviazioni della Bibbia di Gerusalemme.

AAS	Acta Apostolicae Sedis
AD	Animatore digitale
BES	Bisogni educativi speciali
DDI	Didattica digitale integrata
DPCM	Decreto del Presidente del Consiglio dei ministri
DSA	Disturbi specifici dell'apprendimento
GU	Gazzetta Ufficiale della Repubblica Italiana
LIM	Lavagna interattiva multimediale
PDP	Piano didattico personalizzato
PEI	Piano educativo individualizzato

INTRODUZIONE

In un mondo globalizzato, dove la tecnologia azzera le distanze, dove la scienza e la medicina sono sostegno e aiuto per orientare ad un sempre maggior stato di benessere le nostre vite, dove l'uomo si spinge oltre i suoi confini – fisici e sociali – e sperimenta sulla propria pelle il frutto del suo ingegno e del progresso della scienza e dell'intelligenza, nessuno di noi avrebbe mai immaginato che un nemico invisibile potesse d'improvviso far cadere quella moltitudine di abitudini, di usi e di certezze che dominavano la nostra quotidianità.

Eppure, questo nemico invisibile, il Sars-COV2, nonostante gli sforzi e gli enormi progressi fatti nel campo della medicina in confronto alle precedenti pandemie, ha rivelato le traballanti fondamenta su cui è costruito gran parte di ciò che diamo per scontato nel nostro mondo attuale: da un anno e mezzo a questa parte i nostri incontri, la nostra socialità, la nostra convivialità e il nostro rapportarci con gli altri sono condizionati dal distanziamento sociale, elemento che tutela la nostra salute fisica ma che condiziona negativamente il nostro benessere psichico; le nostre relazioni sono "filtrate" da una mascherina, da contatti fisici limitati e da freddi schermi di monitor che restano ad oggi il modo privilegiato per coltivare rapporti senza pericolo di contagio.

Anche i luoghi e gli spazi sono sostanzialmente cambiati. La nostra casa, il luogo dell'intimità familiare, è diventato nel tempo del *lockdown* uno spazio di lavoro, di riposo forzato, di studio e di preghiera; abbiamo vissuto tra le nostre mura domestiche la convivialità dello stare insieme in famiglia, abbiamo riscoperto la bellezza di condividere un pasto senza fretta di dover ritornare ai nostri impegni, abbiamo vissuto – non senza criticità – l'importanza del dialogo e dell'ascolto reciproco in famiglia. La nostra abitazione ha sostituito l'ufficio, il posto di lavoro, l'aula scolastica, il bar, il ristorante, la chiesa; dall'essere un luogo sicuro dove tornare a ripararsi dalla frenetica quotidianità, la casa è ritornata lo spazio forzato nel quale condurre una nuova ordinarietà.

Abitudini, luoghi, relazioni, ma soprattutto emozioni. Cosa vive l'uomo in questo tempo, ma soprattutto cosa cambierà profondamente in noi dopo questa pandemia? Si sa, l'essere umano possiede un'incredibile capacità di adattamento alle situazioni più disparate: dalle restrizioni, alla malattia, alla rottura dei rapporti, al lutto e alla sua elaborazione. Attraverso il riequilibrio della nostra psiche tentiamo immediatamente di contenere il trauma, anzi di provare subito a reagire; è necessario però che passi del tempo affinché si possa valutare e capire l'entità dei danni psichici e le relative conseguenze che gli eventi traumatici della pandemia hanno portato su ogni individuo[1].

Se il tempo della chiusura in casa è stato prevalentemente caratterizzato da sentimenti quali angoscia, ansia, paura, rabbia, tristezza e incertezza per una situazione incerta, il tempo della ripresa – che fortunatamente non sembra più così lontano – è caratterizzato sia dalla voglia di un ritorno alla riconquista della normalità, sia da un timore che blocca; non è raro, di fronte alle tante riaperture e ai tentativi di normalità, provare inibizione nelle relazioni, timore di frequentare luoghi affollati o di ritornare a fare attività che non danno una sicurezza di immunità dal contagio.

Inevitabilmente, questa situazione inedita ha inevitabilmente portato a rivedere i nostri bisogni, poiché ci siamo resi conto che determinate persone, situazioni ed eventi che abbiamo ritenuto indispensabili o essenziali, in realtà non lo sono. La paura per la nostra vita, per la salute nostra e dei nostri cari e la tutela della stessa, sono diventate la causa principale di tutte le cautele che prendiamo quando ci relazioniamo a qualsiasi persona estranea alla nostra intimità familiare; abbiamo il terrore di essere veicolo del virus, specie per coloro che vivono situazioni di fragilità e di salute precaria.

Tra i tanti ambiti che sono stati alterati dagli eventi del momento storico presente, quello educativo, nelle sue molteplici sfaccettature, è sicuramente uno di quelli che più ha risentito e risente degli effetti della pandemia: l'interruzione della didattica scolastica e delle attività pastorali delle comunità ecclesiali hanno creato un vuoto dal quale tutti abbiamo necessità di uscire. La formazione dell'uomo, sia culturale che religiosa, è un ambito che non può essere relegato a un ruolo secondario, ma costituisce un aspetto fondamentale della vita umana, che va coltivato e va curato dalla comunità educante – civile o religiosa che sia – con amore, pazienza e dedizione.

Queste considerazioni nate in me come in tutti noi, durante questo tempo, unite all'esperienza del servizio dell'Insegnamento Religione Cattolica nell'Arcidiocesi di Bologna e all'impegno per la mia Chiesa diocesana di origine di Salerno-Campagna-Acerno, mi hanno spinto ad approfondire questa riflessione sull'uomo, con particolare attenzione al contesto dell'apprendimento, sia dal punto di vista scolastico che della fede cristiana.

Perché questa scelta? Credo che tentare di dare una risposta attraverso questo testo sia lo stimolo e il desiderio che molti hanno nel cuore: un desiderio di ripresa della nostra esistenza,

---

[1] Cfr. ANNA SEGRE – ALESSANDRA LEONARDI, Rompere la campana di vetro. Ovvero, emozioni ai tempi del Covid, *Il Sole 24 Ore*, 6-11-2020, in https://www.ilsole24ore.com/art/rompere-campana-vetro-ovvero-emozioni-tempi-covid-ADBHTl0.

che passa attraverso l'analisi di ciò che ci sta accadendo e attraverso il tentativo di curare le ferite che questo tempo ha aperto e di quelle che tentavamo di nascondere a noi stessi e che la pandemia ha prepotentemente portato alla luce.

Ho voluto concentrare l'attenzione sull'aspetto psico-pedagogico per due motivi.

Il primo motivo che mi ha spinto a sviluppare questo argomento trova le radici nel contesto scolastico dove mi trovo ad operare. Nell'Istituto Comprensivo Statale di Medicina (BO) ho trovato – fin dal mio arrivo a settembre 2020 – un corpo docenti preparato, disponibile, dotato di grande umanità, impegnato quotidianamente nella sfida dell'insegnamento; in questa scuola, che ho sentito come una seconda casa sin dal primo giorno, ho appreso che la tenerezza e l'empatia verso i bambini, unita alla sinergia e alla capacità collaborativa con i colleghi, sono le componenti fondamentali per svolgere un lavoro educativo efficace e che porti frutti copiosi nella vita degli alunni. Il Dirigente Scolastico e tutti i miei colleghi, mi hanno supportato, aiutato e incoraggiato nel lavoro di ricerca e di elaborazione di questo percorso: la loro umanità, l'amore incondizionato per i propri alunni e la loro resilienza nelle situazioni difficili che in questo anno abbiamo vissuto sono per me d'esempio e custodirò con cura la loro testimonianza.

Il secondo motivo che ha dato spinta per questo lavoro è il desiderio di voler cercare qualche risposta pastorale efficace per dare nuovo slancio alla vita delle nostre comunità parrocchiali; la pandemia può essere, dal punto di vista pastorale, un punto di fine o un punto di nuovo inizio e la ricerca di strategie per risvegliare la fede e l'entusiasmo nella sequela del Signore è certamente un punto di partenza per far sì che questo shock sociale, emotivo e religioso possa far recuperare a tanti quel fervore di una fede autentica e rinnovata, che si manifesta nell'incontro con Cristo e con i fratelli.

Con la pubblicazione di questo testo non ho la pretesa di offrire soluzioni, ma mi muove un profondo desiderio: condividere considerazioni, sensazioni e dati oggettivi per aiutare il lettore a ricercare e progettare soluzioni ponderate ed efficaci per ripartire al meglio.

A questo riguardo il Santo Padre, Francesco, sottolinea che l'urgenza è quella di riflettere e adoperarsi per agire già nel nostro oggi, senza rimandare al domani:

> «Sicuramente voi avete sentito tante volte: "i giovani, dobbiamo curare i giovani perché sono il futuro". Niente: voi siete il presente, voi siete il presente. Non bisogna pensare di spostarsi verso il futuro: sarete il futuro se sarete il presente. Voi siete il presente nella società. Senza i giovani, una società è quasi morta. Voi siete presente perché portate vita nuova. Non dimenticare questo»[2].

---

[2] FRANCESCO, *Saluto a dirigenti e studenti dell'Istituto "Ambrosoli" di Codogno (LO)*, 22-05-2021, in https://www.vatican.va/content/francesco/it/speeches/2021/may/documents/papa-francesco_20210522_istitutoambrosoli-codogno.html.

Il futuro della società, civile e religiosa, passa per il nostro presente e passa attraverso la nostra capacità di saperci mettere in gioco per progettare e realizzare nuove strategie di ripartenza.

Il lavoro si articola in tre grandi parti: nel primo capitolo ho ampiamente approfondito le fasi della crescita del bambino attraverso l'ausilio della psicologia dello sviluppo, scienza indispensabile per porre le basi alla disamina della questione dell'apprendimento, senza il quale non è possibile poter pianificare nuove strategie in ambito educativo; il secondo capitolo tratta dell'origine, lo sviluppo e le conseguenze della pandemia nel contesto sociale, con particolare attenzione alla situazione italiana e delle ripercussioni che essa avuto sul sistema scolastico e nell'ambito della pastorale delle nostre realtà ecclesiali; il terzo capitolo vuole essere invece, alla luce delle prime esperienze di ripartenza scolastica ed ecclesiale, un tentativo di risposta alla situazione di stallo didattico e pastorale, con l'intento di provare a fare sintesi del cammino svolto fino ad ora e a tracciare delle linee guida per un nuovo inizio della scuola e della Chiesa nel tempo che verrà dopo Covid-19.

CAPITOLO I

LE FASI DELLO SVILUPPO DEL BAMBINO

La psicologia dello sviluppo è una disciplina che si occupa dell'evoluzione e dei mutamenti del comportamento umano, in specie dei processi che ne generano i mutamenti. Essa focalizza la propria attenzione su quei cambiamenti che si verificano nell'individuo al trascorrere del tempo e al mutamento delle situazioni ambientali che lo circondano; ne deriva quindi che l'uomo viene considerato come parte di un contesto temporale generato da specifiche coordinate storico-sociali, dal quale non può prescindere e che influenza le risposte dello stesso, il quale si troverà a dare risposte continue agli stimoli che gli vengono forniti dall'esterno.

Questo processo di risposta è definito semplicemente come l'adattamento dell'individuo all'ambiente. Tale adattamento, ossia l'insieme dei processi di elaborazione messi in atto e la valutazione di nuove risposte, è un processo abbastanza complesso che richiede l'interazione di più sistemi, che attivano la costruzione di processi di sviluppo che analizzeremo dettagliatamente in seguito.

Più in generale, potremmo definire lo sviluppo come quella sorta di passaggio da una condizione di incompetenza funzionale, alla condizione di piena autonomia e competenza: l'individuo si trova a dover stabilizzare il proprio adattamento all'ambiente e a sviluppare nuove risposte, ad assumere opinioni, capacità e sentimenti, che contribuiscono alla definizione della sua personalità[1].

L'individuo si trova di fronte a dei passaggi evolutivi dai quali non può tirarsi indietro: l'analisi e lo studio dei processi di adattamento e delle relative transizioni evolutive, momenti critici della vita di ogni essere, costituiscono il campo di indagine della psicologia dello sviluppo.

§1. Lo studio dello sviluppo

Esistono numerosi modelli di studio dello sviluppo, i quali cercano di rispondere ad alcune questioni fondamentali: qual è la natura del cambiamento che caratterizza lo sviluppo? Quali processi causano questo cambiamento? Che caratteristiche ha questo cambiamento?[2]

Diamo uno sguardo alle diverse teorie che provano a rispondere a queste domande.

---

[1] Cfr. ROBERTO MILITERNI – GUIDO MILITERNI, *Psicologia dello sviluppo*, Edizioni Idelson-Gnocchi, Napoli 2013[3], pp.3-8.

[2] Cfr. LUIGIA CAMAIONI – PAOLA DI BLASIO, *Psicologia dello sviluppo*, Edizioni Il Mulino, Bologna 2007[2], p.13.

1.1 Il comportamentismo

Tra le teorie di carattere quantitativo, cioè che considerano lo sviluppo come «accrescimento o graduale accumulo di cambiamento nel tempo»[3], si colloca il comportamentismo; secondo questo approccio ogni individuo si presenta come malleabilmente caratterizzato da una capacità di apprendimento illimitato. L'ambiente che circonda il bambino diviene fondamentale, in quanto impone il cambiamento; egli, quindi, tenderà semplicemente a ripetere i comportamenti che hanno portato risultati positivi e ad eliminare i comportamenti che hanno portato risultati negativi. Il cambiamento è visto nella sua dimensione quantitativa[4].

Questa teoria, qui soltanto accennata nelle sue caratteristiche essenziali, venne sviluppata dallo statunitense Burrhus Skinner (1904-1990) e dal canadese Albert Bandura (1925).

1.2 L'approccio organismico

Soffermiamo però la nostra attenzione sulle teorie di carattere qualitativo per le quali «lo sviluppo implica la comparsa di nuove capacità o la trasformazione di capacità già presenti[5]», poiché esse pongono le basi per la nostra trattazione sullo sviluppo.

L'approccio organismico considera ogni individuo come un organismo attivo e volto alla realizzazione delle proprie potenzialità. Ogni cambiamento, caratteristica principale del suo comportamento, è regolato da leggi che regolano la sequenza e l'organizzazione dei cambiamenti. Ne deriva che ogni cambiamento non è frutto né di una disposizione innata del bambino né di un'affermazione dell'ambiente sull'individuo: il cambiamento è la risultante dell'interazione tra individuo e ambiente[6]. Questo approccio predilige la metodologia dell'osservazione e della sperimentazione: si mettono a confronto bambini di età diverse per individuare i cambiamenti; in base alla vasta gamma di comportamenti osservati si formulano ipotesi sulle capacità cognitive. Secondo le teorie organismiche il bambino non è un agente passivo dell'apprendimento, bensì è il costruttore attivo delle proprie capacità.

Gli innumerevoli studi e lo sviluppo di questi modelli sono stati sviluppati dallo svizzero Jean Piaget (1896-1980), dal russo Lev Semënovič Vygotskij (1896-1934) e dall'austriaco Heinz Werner (1890-1964).

---

[3] *Ibid.*, p.13.

[4] Cfr. MARK H. BORNSTEIN – MICHAEL E. LAMB, Lo sviluppo percettivo, cognitivo e linguistico, Edizioni Cortina, Milano 1992, pp. 76-78.

[5] LUIGIA CAMAIONI – PAOLA DI BLASIO, *Psicologia dello sviluppo*, p.13.

[6] Cfr. *Ibid.*, p.16.

Dalle teorie dello sviluppo è possibile estrapolare cinque macro momenti contraddistinti da una forte criticità: l'infanzia (0-2 anni) caratterizzata da un processo di adattamento costantemente attivo; la fanciullezza (2-11 anni), caratterizzata dalla capacità di compiere scelte, prendere iniziative, intessere relazioni; l'adolescenza, caratterizzata dalla formazione di un'identità stabile; l'età adulta, caratterizzata dalla responsabilità e dal senso di generatività; la tarda età, caratterizzata da mutamenti fisiologici e sociali che impongono una serie di nuovi adattamenti.

Tra le metodologie sperimentali che gli psicologi utilizzano, ricordiamo l'importanza del metodo di Piaget per lo studio del pensiero infantile, il colloquio clinico. Il colloquio consiste in uno scambio verbale tra psicologo e bambino in cui quest'ultimo parla liberamente di argomenti definiti dallo psicologo. Piaget definisce alcune varianti nel colloquio, quali: l'analisi del disegno, il completamento di storie o frasi, il proporre problemi concreti da risolvere manipolando oggetti o materiali[7]. A partire da questo metodo, i ricercatori oggi adottano interviste di tipo semi strutturate con l'ausilio di una lista predefinita di domande e di approfondimenti.

§2. Lo sviluppo fisico-motorio

Il termine crescita, che utilizziamo spesso per descrivere lo sviluppo fisico, viene riferito a due tipi di fenomeni: il primo è la crescita vera e propria, intesa come aumento di volume e di cellule dell'organismo, il secondo invece è il processo di sviluppo delle diverse funzioni corporee e fisiche.

Distinguiamo brevemente i due macro-periodi della crescita: il periodo prenatale e postnatale.

La vita intrauterina è caratterizzata da un incremento massivo dell'accrescimento corporeo, in quanto fino alla trentacinquesima settimana di gestazione si formano in maniera sommaria tutti gli organi ed apparati corporei, per poi perfezionarsi nelle restanti settimane.

La vita postnatale viene ulteriormente suddivisa in varie fasi di crescita: la fase neonatale (dalla nascita al ventottesimo giorno); la prima infanzia (0-2 anni); la seconda infanzia (2-6 anni); la terza infanzia (6-10 anni); l'adolescenza (da 10 anni allo sviluppo sessuale).

Riguardo allo sviluppo motorio, negli anni '30 si è sviluppato un modello di studio detto modello maturativo: secondo questa teoria le modifiche anatomiche sono sufficienti per spiegare i cambiamenti del comportamento motorio. In altri termini, esisterebbe una relazione causale tra

[7] Cfr. JEAN PIAGET, *Lo sviluppo mentale del bambino e altri studi di psicologia*, Edizioni Einaudi, Torino 1967, pp.276-280.

lo sviluppo delle strutture neuroanatomiche e l'emergere di nuove abilità motorie; lo sviluppo viene definito come una sequenza invariabile di tappe. Negli ultimi anni però questo modello è stato criticato poiché inadeguato a spiegare la complessa natura delle modificazioni dei primi anni di vita. Tra gli altri modelli interpretativi formulati menzioniamo la teoria dell'elaborazione dell'informazione (HIP), che teorizza lo sviluppo come un sistema gerarchico di schemi e rappresentazioni, che diventa sempre più complesso al crescere delle interazioni e degli stimoli esterni. I ricercatori che si riconoscono nella teoria dell'elaborazione dell'informazione vedono nel computer e nel suo modo di procedere per le computazioni o manipolazioni dei dati un'utile metafora per comprendere i processi cognitivi messi in atto dal soggetto nella sua interazione col mondo: gli input provenienti dall'esterno vengono elaborati dall'individuo (strumento dell'elaborazione dell'informazione) che, di conseguenza, auto modifica i propri comportamenti, quali frutto dei dati di output derivati dalle precedenti elaborazioni[8].

Aldilà delle differenze tra le teorie, in definitiva preme sottolineare un dato essenziale: nell'analisi dello sviluppo motorio è necessario tenere ben presente che all'accrescimento contribuiscono una molteplicità di fattori.

> «Questi fattori, biomeccanici, percettivi, cognitivi, contestuali entrano in relazione con le strutture neurali di controllo. In questo quadro interpretativo anche la variabilità dello sviluppo, descritta in tutte le ricerche più recenti, trova la sua interpretazione e rappresenta una sfida per stabilire nuovi principi per comprendere l'affascinante fenomeno della costruzione di nuove abilità da parte del bambino»[9].

§3. Lo sviluppo percettivo

In prima analisi è opportuno fare una distinzione tra i concetti di sensazione e percezione. Quando si parla di sensazione si fa riferimento all'effetto soggettivo ed immediato provocato sui diversi organi di senso che forniscono all'individuo informazioni sulla realtà che lo circonda; quando ci si riferisce alla percezione, si fa riferimento ad un processo dinamico di elaborazione degli stimoli sensoriali recepiti dall'esterno[10].

La percezione risulta essere un'attività psichica intrinsecamente dipendente dagli organi di senso, senza i quali il soggetto non riuscirebbe a raccogliere gli stimoli esterni. Ogni organo di senso, difatti, è sensibile a specifiche forme di energia fisica; questi stimoli fisici attivano i diversi apparati recettivi dell'organismo. Gli stimoli fisici vengono così acquisiti e trasformati in una

---

[8]Cfr. ESTHER THELEN - BEVERLY D. ULRICH – JODY L. JENSEN, *The developmental origins of locomotions*, Edizioni University of South Carolina Press, Columbia, 1989.

[9] LUIGIA CAMAIONI, *Manuale di psicologia dello sviluppo*, Edizioni il Mulino, Bologna 1993, p.67.

[10] Cfr. LUIGIA CAMAIONI – PAOLA DI BLASIO, *Psicologia dello sviluppo*, pp.59-60.

realtà fenomenica attraverso una catena di eventi che investe i recettori fisici, i quali a loto volta inviano segnali di stimolazione a specifiche aree della corteccia celebrale, dove avvengono la codifica, l'elaborazione e l'immagazzinamento dell'informazione.

C'è da evidenziare però che ogni atto percettivo può essere inficiato da varie tipologie di alterazioni sensoriali o cognitive che possono causare alterazioni della percezione stessa; queste alterazioni possono essere di tipo quantitativo (si parla di riduzione o aumento della percezione) o di tipo qualitativo (denominate come disturbi pseudo-allucinatori).

Lo sviluppo della percezione durante l'evoluzione è caratterizzato da progressivi miglioramenti nel saper selezionare gli stimoli fenomenici utili al processo di apprendimento; questa selezione delle informazioni, già presente alla nascita, diviene sempre più accurata e volta al raggiungimento di specifici obiettivi conoscitivi. La percezione, che inizia già nello stadio prenatale, si perfeziona durante il processo di crescita: i sistemi sensoriali (tatto, equilibrio, olfatto, gusto, udito, vista) amplificano la loro capacità di ricezione degli stimoli esterni, in modo specifico nei periodi che vanno dalla nascita ai tre anni e fino ai sei anni. Questo processo di sviluppo è supportato da una maturazione neurofisiologica e da una capacità del bambino di rispondere agli stimoli attraverso l'esperienza acquisita[11].

Tra i modelli teorici sviluppati nel corso dei decenni scorsi sullo sviluppo della percezione possiamo distinguere due prospettive: la prospettiva empirista e quella innatista. Gli empiristi considerano la percezione come un processo basato sull'esperienza: lo sviluppo percettivo procede in modo graduale, partendo da stimoli esterni che via via diventano più comprensibili, attraverso un processo di integrazione, associazione, connessione, coordinamento; gli innatisti, invece, considerano lo sviluppo che prescinde dagli stimoli esterni, poiché dipende dalla maturazione del sistema recettivo e del sistema nervoso, che diventano gli unici responsabili dell'acquisizione e dell'elaborazione degli stimoli provenienti dall'ambiente.

§4. Lo sviluppo cognitivo

Quali sono i cambiamenti che si verificano a livello cognitivo durante la sua crescita? Piaget e Vygotskij offrono un contributo riguardo alla comprensione dello sviluppo mentale del bambino.

---

[11] Cfr. *Ibid.*, pp.61; 80.

4.1 La teoria di Piaget

Piaget[12] si pone fin all'inizio dei suoi studi il problema dell'adattamento degli organismi viventi all'ambiente che li circonda; i suoi studi di biologia sono stati propedeutici e gli hanno dato il merito di scoprire la continuità tra l'organizzazione biologica dell'individuo e l'apprendimento intellettivo.

L'elemento essenziale della sua teoria sta proprio in questo rapporto di interrelazione tra lo sviluppo dell'organismo, che costruisce materialmente forme nuove, e l'intelligenza che sviluppa strutture mentali che aiutano a comprendere e a spiegare l'ambiente; in questo modo «l'individuo che conosce non è un passivo recettore di influenze ambientali, né il veicolo di idee innate, ma un attivo costruttore delle proprie conoscenze»[13]. In questo modo Piaget respinge fortemente le teorie innatiste e comportamentiste, dando origine all'approccio organismico dello sviluppo.

Nello specifico, egli pone alcuni cardini alla sua teoria, quali punti di partenza:

a. lo sviluppo può essere compreso soltanto nel contesto evolutivo di ciascuna specie, tenendone ben presente l'organizzazione biologica e psicologica;
b. l'organismo interagisce attivamente con l'ambiente;
c. lo sviluppo consiste nella trasformazione delle strutture che continuamente si originano dalle attività dell'individuo[14].

Inoltre, lo sviluppo mentale è guidato dal principio biologico secondo cui la modificazione delle strutture interne avviene in risposta all'esigenza di far fronte a nuovi bisogni. Tali modificazioni vengono originate dall'interazione di due processi: l'assimilazione e l'accomodamento. Il processo di assimilazione permette all'individuo di incorporare nei propri schemi i dati provenienti dall'esterno, che costruiscono l'esperienza; il processo di accomodamento consiste nella continua modifica degli schemi in relazione ai nuovi dati acquisiti. Tale dinamica – che è sostanzialmente continua nel processo intellettivo – determina l'adattamento dell'organismo all'ambiente. Possiamo affermare quindi che il processo di adattamento consiste in un costante equilibrio tra l'assimilazione e l'accomodamento: il bambino

[12]Jean Piaget (1896-1980), studioso svizzero laureato in scienze naturali e zoologia, studia psicologia e psichiatria a Parigi. Si interessa del pensiero infantile e attraverso la biologia elabora la teoria dell'adattamento comportamentale del bambino. Padre di numerose ricerche nel campo dello sviluppo del linguaggio, oltre alla teoria dello sviluppo cognitivo, fonda una nuova scienza – l'epistemologia genetica – che indaga l'evolversi dell'attività conoscitiva attraverso gli stadi dello sviluppo infantile. Tra le cattedre più prestigiose dove ha insegnato psicologia, ricordiamo Ginevra e Parigi. È considerato uno dei maggiori studiosi del comportamento infantile.

[13] *Ibid.*, pp.89-90.

[14] Cfr. Maria Chiara Levorato, *Lo sviluppo cognitivo*, in Luigia Camaioni (a cura di), *Manuale di psicologia dello sviluppo*, Edizioni Il Mulino, Bologna 1999, pp.177-243.

quindi, secondo Piaget, è attore del processo di autoregolazione, che porta lo stesso a ricercare e ricalibrare il suo equilibrio in ogni momento del suo sviluppo[15].

Lo sviluppo, come detto, è quindi un processo continuo e progressivo, poiché al crescere dell'età si verificano dei mutamenti strutturali talmente rilevanti da indentificare dei veri e propri stadi, nei quali le transizioni possono avvenire in modi diversi. Il passaggio da uno stadio all'altro però non fa perdere le acquisizioni dei precedenti, bensì esse vengono integrate in strutture più evolute.

Tra la nascita e l'adolescenza, Piaget individua quattro stadi principali[16]:

4.1.1. Stadio sensomotorio

Si sviluppa nell'arco temporale che va dalla nascita ai due anni. In questo tempo l'intelligenza consiste nella creazione e nello sviluppo di schemi di azione pratici: le operazioni memorizzate dal bambino danno luogo a una serie di sequenze comportamentali pratiche (ad esempio: memorizzare la presa di un oggetto per una successiva operazione quale lanciare o mordere o esplorare).

Questo stadio si caratterizza per alcuni aspetti:

a. la risposta del bambino piccolo alla realtà è di tipo sensoriale e motorio;
b. il bambino reagisce al presente immediato, non fa progetti e non si propone scopi;
c. il bambino non ha una rappresentazione interna degli oggetti, non possiede immagini mentali né parole che possono essere manipolate.

L'intelligenza si sviluppa attraverso dei sotto-stadi che vanno dall'esercizio dei riflessi, alle relazioni primarie (il neonato è concentrato sul proprio corpo), secondarie (il neonato è proiettato verso l'esterno) e terziarie (la sofisticazione degli schemi acquisiti), alla creazione di nuovi schemi mediante la combinazione mentale.

Ne conseguirà che, al termine di questo stadio, il bambino non procede più per tentativi, bensì per invenzioni, utilizzando un vero e proprio atto mentale. Grazie all'interiorizzazione delle azioni il bambino inizia a rappresentare nella propria mente sé stesso, le sue azioni e i suoi movimenti nello spazio come se li vedesse da una posizione esterna.

---

[15] Cfr. LUIGIA CAMAIONI – PAOLA DI BLASIO, *Psicologia dello sviluppo*, pp.90-91.

[16] Cfr. LUIGIA CAMAIONI – PAOLA DI BLASIO, *Psicologia dello sviluppo*, pp.91-101; JEAN PIAGET, *La costruzione reale del bambino*, Edizioni La Nuova Italia, Firenze 1973.

4.1.2. Stadio preoperatorio

Si sviluppa nell'arco temporale che va dai due ai sei anni. Questo periodo rappresenta il perfezionamento del meccanismo di rappresentazione iniziato nello stadio precedente: il bambino è in grado di utilizzare simboli, immagini e parole per far riferimento alle cose.

Piaget individua tre tipi di rappresentazione:

a. L'*imitazione differita*. Il bambino riproduce un modello in un tempo successivo all'atto di percezione.
b. Il *gioco simbolico*. Il bambino tratta un oggetto come qualcosa di diverso dalla realtà (ad esempio: una scopa usata come un cavallo).
c. Il *linguaggio*. Il bambino utilizza gli schemi verbali per indicare una realtà che egli ha rappresentata nella mente.

Ultima caratteristica individuata da Piaget in questo stadio è quella che egli definisce l'egocentrismo formale: il bambino ha difficoltà di immaginare una realtà diversa dalla sua percezione e di conseguenza ignora qualsiasi punto di vista diverso dal suo.

4.1.3. Stadio delle operazioni concrete

Si sviluppa nell'arco temporale che va dai sei ai dodici anni. In questo stadio le azioni mentali (rappresentazioni e pensiero intuitivo), che nello stadio preoperatorio si presentavano come rigide e irreversibili, si coordinano tra loro diventando operazioni concrete.

In cosa consistono le operazioni concrete? Esse sono strutture mentali caratterizzate dalla reversibilità, per cui ad ogni operazione corrisponde una operazione inversa. Questa reversibilità innesca nel bambino la genesi del pensiero logico: egli comprende ora che tutte le operazioni possono essere disfatte o rovesciate, cosicché egli in qualsiasi momento potrà ritornare alla situazione iniziale[17].

Si osserva inoltre in questo stadio che il bambino è in grado di interiorizzare e di operare compiti di conservazione, ovvero di valutare se sostanze, pesi, lunghezze, quantità, volumi mutino o permangano le stesse.

---

[17] Cfr. JEAN PIAGET - BÄRBEL INHELDER, *Lo sviluppo delle quantità fisiche del bambino*, Edizioni La Nuova Italia, Firenze 1971.

4.1.4. Stadio delle operazioni formali

Si sviluppa nell'arco temporale che va dai dodici anni in poi. In questo stadio il pensiero diventa di tipo ipotetico-deduttivo, poiché è in grado di compiere azioni logiche su premesse ipotetiche e di arrivare a conclusioni appropriate.

Si sottolinea che il pensiero operatorio formale opera su un piano puramente astratto: in questa fase l'adolescente estende le sue capacità di ragionamento anche a situazioni esterne al suo vissuto, iniziando a pensare ad eventi possibili, ipotizzabili, futuri; questo tipo di operazioni permette di risolvere problemi attraverso la ricerca sistematica e ipotizzando soluzioni possibili.

In definitiva, le operazioni formali realizzano un

> «rovesciamento di prospettiva nella concezione della realtà: quest'ultima non rappresenta più la fonte dei propri atti di conoscenza, ma viene vista come una delle manifestazioni del possibile»[18].

La teoria degli stadi evolutivi, seppur criticata negli ultimi decenni, rappresenta, ad oggi, il metodo di approccio fondamentale degli studiosi della psicologia dell'evoluzione, in quanto delinea un quadro di indagine completo e verificato da numerose metodologie di studio e di indagine.

4.2 La teoria di Vygotskij

Secondo lo studioso Vyogtskij[19] l'evoluzione è data da uno sviluppo storico-culturale, che attraverso i mediatori simbolici (la lingua scritta, la lingua parlata, il calcolo, il disegno) fanno sì che gli individui entrino in relazione tra di loro e con altre culture. Lo studioso pone focalizza i suoi studi non tanto sulle abilità innate del bambino, bensì su quelle acquisite in seguito a nuove esperienze: la crescita dipende in gran parte dal contesto storico e socioculturale in cui egli vive e dalle abilità proprie con le quali egli riesce ad utilizzare gli strumenti di mediazione simbolica, in primis il linguaggio[20].

Vygotskij ha anche introdotto la definizione di zona di sviluppo prossimale, che definisce

> «la distanza tra il livello di sviluppo effettivo e il livello di sviluppo potenziale, consente cioè di valutare la differenza tra ciò che il bambino è in grado di fare da solo e ciò che il bambino è in grado di fare con l'aiuto e il supporto di un individuo più competente. In altri termini il

---

[18] LUIGIA CAMAIONI – PAOLA DI BLASIO, *Psicologia dello sviluppo*, p.101.

[19] Lev Semënovič Vygotskij (1896-1934), psicologo e pedagogista sovietico, padre della scuola storico-culturale. All'inizio dei suoi studi egli si occupò principalmente di critica letteraria e psicologia dell'arte e solo successivamente di psicologia dell'educazione. È ricordato per aver trattato una serie di problematiche e studi legati alla psicologia dello sviluppo, come lo sviluppo delle funzioni psichiche superiori e lo studio delle emozioni.

[20] Cfr. LEV SEMËNOVIČ VYGOTSKIJ, *Il processo cognitivo*, Edizioni Bollati Boringhirti, Torino 1987.

bambino può risolvere, grazie alla guida di un esperto, problemi e compiti che non sa ancora risolvere da solo, ma che diventeranno ben presto parte delle sue abilità individuali»[21].

In rapporto a quanto detto, l'adulto ha una funzione di supporto, affinché il bambino diventi capace di produrre abilità che è già in grado di comprendere; l'insegnante e l'educatore, quindi, modulano il proprio intervento educativo differenziando la quantità di supporto necessario in relazione alla velocità di apprendimento dell'allievo, il quale a seconda dell'ampiezza della sua zona di sviluppo prossimale, ricava un vantaggio diverso dall'insegnamento.

La concezione riguardante il rapporto tra pensiero e linguaggio è nettamente diversa da quella di Piaget: se secondo il francese il linguaggio e il pensiero non sono adatti alla realtà e non comunicabili agli altri, per Vygotskij il linguaggio funziona sia come strumento di comunicazione e scambio sociale, sia come strumento attivo del pensiero che anticipa e controlla il comportamento. Il linguaggio interiore (o pensiero verbale), diverso da quello sociale utilizzato per interagire con gli altri, assolve una funzione intrapsichica che permette al bambino di costruire dentro di sé e di commentare le proprie azioni.

§5. Lo sviluppo del linguaggio e della comunicazione

Il linguaggio è un sistema comunicativo straordinariamente complesso, che richiede al bambino lo sviluppo in termini relativamente brevi (entro i primi tre-quattro anni di vita) lo sviluppo e la realizzazione di specifiche dimensioni. Il bambino impara a: analizzare e segmentare i suoni linguistici che ascolta; padroneggiare i pattern articolatori e a produrre i singoli fonemi; acquisire ed ampliare un vocabolario di nuove voci lessicali; padroneggiare le regole morfologiche e sintattiche per la produzione di frasi; saper rapportare le diverse funzioni comunicative al contesto e all'interlocutore; padroneggiare le abilità necessarie per la produzione di un discorso[22].

Nello studio della lingua (la linguistica), la morfologia e la sintassi costituiscono le componenti portanti della grammatica. La morfologia è costituita dalle parti del discorso flessibili: prefissi, suffissi o particelle utilizzati nella formazione del plurale e del singolare; nella formazione del femminile e del maschile; nella formazione di aggettivi o pronomi; nella coniugazione di verbi; nella derivazione di un nome da un altro nome.

---

[21] LUIGIA CAMAIONI – PAOLA DI BLASIO, *Psicologia dello sviluppo*, p.106.

[22] Cfr. SIMONETTA D'AMICO – ANTONELLA DEVESCOVI (a cura di), *Psicologia dello sviluppo del linguaggio*, Edizioni Il Mulino, Bologna 2001, pp. 9-10.

Focalizzare l'attenzione sulla morfologia di una lingua significa, quindi, osservarne quelle parti che mutano in rapporto alle regole e alle funzioni grammaticali attribuiscono ad un insieme di suoni o di segni qualità specifiche come, ad esempio, il genere o il numero. La morfologia individua nelle parole:

a. elementi radicali, che sono i rappresentanti del significato;
b. elementi costituiti da singoli morfemi o sillabe, che permettono sia di individuarne, appunto, caratteristiche specifiche e mutabili di natura grammaticale, sia di renderne comprensibile le funzioni sintattiche.

La sintassi, in collaborazione con gli altri elementi costitutivi della lingua e in particolare grazie al supporto della morfologia, evidenzia i rapporti tra le parti costituenti la frase; quindi, rappresenta il veicolo necessario per rendere comprensibile l'insieme di suoni e di segni che compongono il linguaggio verbale. Mediante le regole stabilite dalla sintassi, l'insieme di parole inserite in una figura unica che costituisce la frase diventano messaggio ovvero acquisiscono valore comunicativo, significato condivisibile all'interno di uno stesso codice linguistico di natura verbale, all'interno cioè di una lingua.

Lo sviluppo del linguaggio va inserito nello studio più ampio della capacità comunicativa, che caratterizza il linguaggio grazie a due aspetti fondamentali: la creatività e l'arbitrarietà.

> «Chi parla una lingua è in grado di produrre una grande varietà di messaggi combinando tra loro un numero limitato di unità-base di quella lingua (fonemi e parole). Inoltre, nel linguaggio la relazione tra suoni e significati è arbitraria; il significato non può essere ricavato dalla forma del suono e pertanto deve essere appreso e trasmesso culturalmente da una generazione all'altra»[23].

È chiaro che le tre caratteristiche della produzione del suono (fonologia), del significato che esso ne comporta (semantica) e il contesto nel quale il linguaggio viene esplicitato (pragmatica) sono tre elementi che devono essere collegati tra loro in maniera unitaria quando parliamo di sviluppo del linguaggio. Non è possibile parlare di linguaggio se viene a mancare una di queste tre caratteristiche del discorso.

Gli studi sull'acquisizione del linguaggio, sviluppatisi intorno agli anni Cinquanta, in concomitanza alla nascita della disciplina psicolinguistica, hanno creato un dibattito teorico molto acceso tre questioni fondamentali: il rapporto tra la componente innatista e quella acquisita del linguaggio; il rapporto tra linguaggio e capacità cognitive; il rapporto tra linguaggio e comunicazione[24].

---

[23] LUIGIA CAMAIONI – PAOLA DI BLASIO, *Psicologia dello sviluppo*, p.128.
[24] Cfr. SIMONETTA D'AMICO – ANTONELLA DEVESCOVI, *Psicologia dello sviluppo del linguaggio*, p.10.

Le principali tipologie di approccio alle questioni sono:

5.1 L'approccio innatista

Il modello teorizzato dal linguista statunitense Noam Chomsky (1928) ipotizza l'esistenza di un dispositivo innato per l'acquisizione del linguaggio, ovvero della base biologica di ogni individuo che lo predispone all'utilizzo del linguaggio; essa è strutturata secondo regole e proprietà base comuni a tutte le lingue in quanto le tappe principali dello sviluppo linguistico sono uguali per tutte le culture e le classi sociali. Il linguaggio, quindi, è un insieme di processi attivi di scoperta di regole e di verifica di ipotesi, che partono da una solida base costituita dalla conoscenza innata dell'individuo[25].

La linguistica, secondo Chomsky, deve essere considerata come una parte dell'indagine psicologica. A tale proposito egli formulò delle ipotesi spesso legate a quelle dei cognitivisti, ponendo come problema principale, contrariamente a quanto aveva fatto fino a quel momento, lo studio e la descrizione della capacità o delle competenze dei soggetti di parlare una lingua.

Appare piuttosto chiara la critica che lo studioso americano muove alla linguistica tradizionale, in quanto, dal suo punto di vista, quest'ultima, assumendo come oggetto di studio gli aspetti fonetici, ovvero quelli sonori, della lingua, si sarebbe limitata a fornirne un'analisi della struttura superficiale dimenticandone la struttura profonda. Questa posizione innatista ha esercitato una forte influenza negli studi successivi, in quanto il linguaggio infantile passa dall'essere considerato non più come una imitazione del linguaggio degli adulti, bensì un processo attivo e ben strutturato.

5.2 L'approccio interazionista

Nei suoi studi sul linguaggio, Piaget propone una posizione antitetica all'approccio innatista, sostenendo l'interdipendenza tra linguaggio e cognizione.

Il linguaggio non si definisce come risultato di una maturazione di competenze innate, bensì nasce e si sviluppa quale naturale completamento dei processi cognitivi che caratterizzano lo sviluppo sensomotorio. Egli sostiene che il linguaggio è un aspetto che afferisce a una più ampia capacità simbolica, che segna il passaggio dall'intelligenza sensomotoria a quella rappresentativa; lo sviluppo cognitivo, quindi precede la comparsa del linguaggio ed è autonomo rispetto ad esso, mentre lo sviluppo del linguaggio deriva e dipende dallo sviluppo cognitivo. Non

---

[25] Cfr. NOAM CHOMSKY, *Regole e rappresentazioni*, Edizioni Il Saggiatore, Milano 1981, pp.29-32.

ha senso quindi studiare la competenza linguistica senza prima analizzare i livelli di sviluppo mentale dell'individuo[26].

A partire da queste considerazioni, negli anni Settanta vengono prese in considerazioni quali oggetto di approfondimento la pragmatica, ovvero gli usi e le funzioni del linguaggio nel contesto: ciò significa dare la giusta importanza alle funzioni comunicative, alla conversazione, all'ambiente, all'interlocutore e all'andamento del discorso.

5.3 La dimensione sociale del linguaggio

Se per Chomsky, come si è visto, il linguaggio è strutturalmente autonomo rispetto alla capacità comunicativa e, di conseguenza, l'analisi adottata è di tipo strutturale, gli approcci funzionalisti introducono la nozione di competenza comunicativa.

Le osservazioni sul bambino denotano l'utilizzo di espressioni fonetiche uguali per indicare diverse accezioni: ciò dimostra che la sola analisi sintattica non riesce a cogliere i diversi significati che il bambino intende esprimere a parole; il fonema va quindi calato nel contesto sociale dove egli viene prodotto, per riuscire a coglierne il significato pieno.

Da queste osservazioni derivano alcuni aspetti fondamentali riguardo all'aspetto pragmatico del linguaggio. In primo luogo, il linguaggio infantile non può essere impoverito a una mera imitazione dell'adulto, bensì si tratta di un linguaggio adattato alle ancora limitate capacità di comprensione degli interlocutori, strutturato da frasi brevi e semplici, con intonazione esagerata e numerose ripetizioni[27]. In secondo luogo, il bambino tende a considerare l'interazione sociale con chi lo accudisce come un insieme di segnali e significati convenzionali che aiuteranno il bambino a costruire il suo codice linguistico nel contesto sociale che lo accompagnerà; a sostegno di questo Jerome Bruner (1915-2016) ipotizza che nei formati di attenzione e di azione condivisa – costituiti dalle azioni ripetitive e quotidiane che scandiscono la routine tra madre e bambino – l'individuo interpreti le azioni della madre e riproduca, sulla base delle sue osservazioni, azioni ed espressioni che includono parole e gesti[28].

In definitiva, le riflessioni attuali volgono verso una terza prospettiva che va oltre i sopraccitati approcci. Risulta necessario, secondo Bruner, formulare una terza teoria, che tenca conto sia del dispositivo innato per l'acquisizione del linguaggio, ma soprattutto di un sistema di

---

[26] Cfr. JEAN PIAGET, *La formazione del simbolo nel bambino*, Edizioni La Nuova Italia, Firenze 1973.

[27] Cfr. CATHERINE E. SNOW – CHARLES A. FERGUSON, *Talking to Children: Lenguage input ad acquisition*, Edizioni Cambridge University Press, Cambridge 1977.

[28] Cfr. JEROME BRUNER, *Il linguaggio del bambino*, Edizioni Armando, Roma 1987.

supporto per l'acquisizione del linguaggio, ovvero un chiaro riferimento al ruolo svolto sia dall'adulto che si relaziona al bambino, sia dal contesto sociale da cui egli apprende. Soltanto questo sistema nella sua complessità garantisce al bambino l'ingresso nel mondo del linguaggio e della cultura[29].

§6. Lo sviluppo sociale

Di pari passo con lo sviluppo individuale, la componente sociale della crescita è un aspetto fondamentale e motivo di indagine. Sin da subito il bambino vive a stretto contatto con gli altri, ne apprende le regole, fa riferimento al suo gruppo sociale: le esperienze con gli adulti, con i suoi coetanei, con le figure educative che gli vengono proposte, l'espressione delle emozioni, dell'affettività, l'educazione alle norme e ai valori morali. Qualunque aspetto della vita infantile deve essere considerato in prospettiva sociale[30].

Negli ultimi decenni al termine socializzazione si è sostituito lo studio dello sviluppo sociale. Lo studio dei processi di socializzazione veniva concepito in maniera riduttiva, declinandoli come processi di acculturazione o di acquisizione al controllo degli impulsi o di addestramento al ruolo.

> «Il termine sviluppo sociale, che sostituisce socializzazione, viene impiegato per rendere chiaro che il neonato è un essere sociale fin da subito che diventa sempre più consapevole e competente grazie a processi bidirezionali di interazione. Lo spostamento di accento dalla funzione di modellamento dell'adulto a una funzione di mediatore o di interlocutore nell'organizzare competenze e capacità significa concepire l'individuo come dotato di risorse proprie, di predisposizioni che lo collegano al mondo circostante»[31].

È importante sottolineare questo passaggio, poiché si evince che la dimensione sociale ci aiuta a interpretare in maniera trasversale lo sviluppo, attraverso la quale è possibile osservare la crescita cognitiva, affettiva, relazionale del bambino. Lo sviluppo sociale si concentra prevalentemente sull'ambito di studio che riguarda l'interazione tra il bambino e gli altri, ossia l'osservazione dei suoi comportamenti, degli atteggiamenti, dei sentimenti nella relazione con gli altri e dei mutamenti di essi al variare della crescita[32].

Il processo di socializzazione viene distinto generalmente in due fasi:

a. la socializzazione primaria avviene sostanzialmente all'interno della famiglia, ha come soggetto l'interazione tra il bambino e un gruppo ristretto di individui che sono

---

[29] Cfr. Luigia Camaioni – Paola di Blasio, *Psicologia dello sviluppo*, p.132-133.

[30] Cfr. Francesca Emiliani – Felice Carugati, *Il mondo sociale del bambino*, Edizioni il Mulino, Bologna 1985.

[31] Luigia Camaioni – Paola di Blasio, *Psicologia dello sviluppo*, p.162.

[32] Cfr. Rudolf Schaffer, *Lo sviluppo sociale*, Edizioni Cortina, Milano 1998, pp.9-10.

le sue figure di riferimento comportamentale e valoriale, ed è finalizzata a formare la personalità di base;

b. la socializzazione secondaria è una realtà più ampia che coinvolge l'individuo in una rete sociale più ampia (scuola, amici, lavoro, relazioni, ecc.) ed è finalizzata ad apprendere le aspettative e ad attribuire competenze di ruolo. In questa fase, la più ampia della vita di ogni individuo, le agenzie di socializzazione quali la famiglia, la scuola, il gruppo dei pari, i mass media, aiutano a mediare il rapporto tra l'individuo e la società nella quale egli si inserisce.

Il processo di socializzazione, si definisce come un fatto globale, in quanto coinvolge la totalità dell'individuo che nel rapporto con gli altri utilizza tutti gli elementi affettivi, cognitivi e morali che ha a disposizione.

6.1 La comprensione di sé e degli altri

Per poter acquisire le competenze necessarie alla relazione con gli altri, il bambino ha bisogno di sviluppare sia una capacità di comprensione di ciò che avviene in lui (emozioni, pensieri, intenzioni, scopi, azioni) sia di ciò che avviene negli altri. Prerequisito fondamentale alla socialità è la coscienza dell'io e del tu, che progrediscono in modo congiunto e reciproco: osservando gli altri, il bambino riesce a comprendere sé stesso, ma allo stesso tempo la conoscenza di sé lo aiuta a comprendere le emozioni e i sentimenti degli altri[33].

È opportuno fare una breve distinzione tra gli studi sulla coscienza di sé e la coscienza degli altri.

Quando ci si riferisce alla coscienza del sé, sappiamo bene che all'inizio della vita il piccolo non possiede una consapevolezza cognitiva, bensì la acquista gradualmente dalle interazioni e nelle relazioni con gli altri. Negli ultimi anni gli studi hanno portato a una distinzione tra la consapevolezza primaria (essenzialmente fisica e interpersonale) e la consapevolezza secondaria. La prima si basa su percezioni immediate derivanti dalle informazioni sensoriali acquisite e dalle interazioni verbali e non verbali; la seconda si basa sulla capacità di rappresentazione e di autoriflessione, ovvero del concetto che il bambino ha di sé stesso. La consapevolezza del sé matura soprattutto grazie a segnali legati alla percezione stabile della propria identità fisica, completandosi nell'arco di tempo che va dai ventuno ai ventiquattro mesi di vita[34].

---

33 Cfr. JAMES BALDWIN, *Mental development in the child and the race*, Edizioni Macmillian, New York 1985.
34 Cfr. LUIGIA CAMAIONI – PAOLA DI BLASIO, *Psicologia dello sviluppo*, p.164-165.

Quando si parla di coscienza degli altri, invece, ci si riferisce alla comprensione che acquisisce il bambino di guardare alle caratteristiche specifiche degli altri, che si presentano diverse dalle sue. Il bambino impara a distinguere i vari gruppi sociali e inizia a scoprire le reazioni all'interazione con gli altri.

Ma in che modo evolve la comprensione degli altri? Per comprendere meglio questo aspetto ci può essere utile un criterio discriminante dell'esperienza del bambino: la familiarità, quale riconoscimento dell'estraneo e la sua identificazione come diverso da sé e dalle figure di riferimento dell'individuo.

L'osservazione del bambino in un contesto del tutto familiare, quanto in un contesto di estranei, ha fatto sì che l'inglese John Bowlby (1907-1990) sviluppasse una teoria che da una chiave interpretativa della conoscenza degli altri: la teoria dell'attaccamento.

Questa teoria, nata dal fondamento scientifico degli studi etologici sull'imprinting, interpreta il comportamento adattivo del piccolo, che tende a favorire comportamenti di vicinanza alla madre e a guardare all'estraneo come segnale di rischio o di pericolo per la sopravvivenza dell'individuo e della specie. Nello specifico, Bowlby ha ipotizzato che l'attaccamento fornisce al bambino una base sicura dalla quale egli può allontanarsi per esplorare il mondo e farvi ritorno. L'attaccamento materno si sviluppa ed evolve attraverso quattro fasi, che vanno dalla nascita ai tre anni, nei quali il rapporto bambino-mamma diventa sempre più stabile e sicuro, per ritrovare nella figura di riferimento in ogni momento un senso di protezione, sicurezza e affetto[35].

Studi successivi hanno però verificato che le reazioni alle persone estranee non sono però sempre uguali, né sempre caratterizzate dal disagio e dalla paura come ipotizzava Bolwby; entrano in gioco invece numerosi fattori che determinano le risposte positive e negative verso l'estraneo, tra le quali menzioniamo le caratteristiche fisiche, la voce, i metodi di approccio, la presenza o l'assenza di una figura di riferimento.

> «Le reazioni all'estraneo sono, quindi piuttosto sofisticate e vengono modulate in base alla specificità delle caratteristiche della persona estranea e non semplicemente in base a differenze generiche»[36].

In definitiva, si può dire che la conoscenza dell'altro è un processo che coinvolge la percezione degli aspetti esteriori, la conoscenza della persona contestualizzata in quel determinato spazio-tempo, le relative emozioni che quella situazione gli suscita e il conseguente sviluppo cognitivo che quella conoscenza ha prodotto nella produzione intellettiva. Con il

---

[35] Cfr. JOHN BOLWBY, *Attaccamento e perdita. Vol 1: L'attaccamento alla madre*, Edizioni Bollati Boringhieri, Torino 1972.

[36] LUIGIA CAMAIONI – PAOLA DI BLASIO, *Psicologia dello sviluppo*, pp.166-167.

procedere dello sviluppo poi la comprensione degli altri si avvalora del canale verbale, per indicare azioni, comportamenti, caratteristiche e qualità delle altre persone.

6.2 Lo sviluppo morale

I criteri fondamentali per l'ingresso di un individuo nella società sono dati dalla comprensione delle regole e dei valori che sostengono le norme sociali e che, soprattutto, aiutano lo stesso a distinguere il bene dal male.

L'acquisizione di una norma morale è un processo che si sviluppa su tre dimensioni fondamentali: in primo luogo quella determinata norma assume un significato affettivo-emotivo per il soggetto che la fa propria, la interiorizza e provoca emozioni nel soggetto riguardo al rispetto o alla disobbedienza (si parla in questo caso di sensazione morale)[37]; in secondo luogo la norma diventa una guida per la condotta, ossia la liceità o la sanzione/proibizione di determinati comportamenti[38]; in terzo luogo è insita la conoscenza di tutte le norme, dalle quali è possibile comprendere significati impliciti ed espliciti e che ne consegue la valutazione delle diverse implicazioni che derivano dalle norme stesse.

Piaget, che si è interessato allo studio dello sviluppo morale, ha delineato una teoria di comprensione delle norme morali e dell'applicazione delle regole. Secondo i suoi esperimenti, fino ai tre-quattro anni il bambino vive in anomia, ovvero assenza di regole; in concomitanza poi con lo stadio preoperatorio, il bambino inizia ad adottare norme e regole con finalità egocentriche, cioè a vantaggio di sé stesso; una morale autonoma con piena coscienza della responsabilità soggettiva, secondo Piaget, si concretizza dopo gli otto anni. La maturazione morale, quindi, procede in modo parallelo allo sviluppo delle capacità cognitive, consentendo al bambino di giungere ad una graduale presa di coscienza del pensiero morale e della sua relativa applicazione nelle azioni[39].

---

[37] Cfr. ROBERT BROWN, *Psicologia sociale*, Edizioni Einaudi, Torino 1980.

[38] Cfr. ALBERT BANDURA, *Social cognitive theory of moral thought and action*, Edizioni Erlbaum, Hillsdale 1991.

[39] Cfr. JEAN PIAGET, *Il giudizio morale nel fanciullo*, Edizioni Giunti-Barbera, Firenze 1972; LUIGIA CAMAIONI – PAOLA DI BLASIO, *Psicologia dello sviluppo*, pp.178-180.

6.3 Le relazioni con gli altri

Nel corso dello sviluppo le occasioni di interazione del bambino diventano sempre maggiori e da esse ne trae nuove conoscenze, è capace di esprimere nuove valutazioni e di cogliere il punto di vista altrui: la relazione tra pari è sempre di più «costruttiva, sincronica e coordinata»[40]. Queste relazioni con il passare del tempo diventano sempre più selettive basate sui criteri dell'affinità e della segregazione sessuale.

Le conoscenze e i rapporti si allargano per giungere poi all'adolescenza, che rappresenta una fase di transizione cruciale nello sviluppo di un individuo per diverse ragioni, tra le quali la maturazione puberale, lo sviluppo intellettuale e l'accesso a nuovi contesti, come quello lavorativo o quello sociale. Durante questo periodo il soggetto è sottoposto a mutamenti somatici molto repentini e considerevoli, ne consegue un mutamento nell'immagine di sé e nei rapporti con gli altri che, tuttavia, poggia sulla struttura sottostante e, quindi, conserva delle soluzioni di continuità determinanti con le età precedenti. Erikson attribuisce al periodo adolescenziale una valenza fondamentale per lo sviluppo dell'identità personale adulta, sollecitata dall'ambiente che a partire da questo momento comincia a chiedere al ragazzo comportamenti adulti.

Il rapporto con gli altri, quindi subisce profondi mutamenti e le relazioni sono caratterizzate da numerosi aspetti: da una parte egli si trova a dover affrontare le richieste sociali di assunzione di responsabilità e di autonomia, dall'altra anche il contesto deve adattarsi ad un individuo nuovo e in continua trasformazione e non sempre le cure ed il controllo da parte del nucleo familiare o del contesto scolastico rispettano o entrano in sintonia con tali mutamenti. Il cambiamento di prospettive per il suo futuro, la coltivazione di nuovi interessi affettivi, di relazioni sociali e affettive, provoca nell'individuo un graduale o brusco processo di distacco dal nucleo familiare, quel porto sicuro dell'infanzia, il luogo dell'apprendimento e della familiarità. È naturale che questo passaggio non sia privo di scossoni ma anzi a volte si presenta carico di incertezze, le quali assumono forme disparate che vanno dall'insicurezza alla ribellione molesta. Il processo di ribellione spesso si accompagna a scelte disadattive e in certi casi devianti rispetto alla normativa morale e legale vigente, come l'utilizzo di droghe, alcool o l'ingresso in gruppi che adottano comportamenti antisociali, si dimostra come una manifestazione latente di questo processo di cambiamento di relazioni.

---

[40] LUIGIA CAMAIONI – PAOLA DI BLASIO, *Psicologia dello sviluppo*, p.187.

§7. Lo sviluppo emotivo

Come già accennato in precedenza, il concetto di emozione si può sintetizzare dal punto di vista meccanicistico come la reazione del nostro corpo ad uno stimolo sensoriale proveniente da un fattore esterno, come la sua interiorizzazione e produzione per l'individuo di una percezione specifica; volendo sviluppare un significato più ampio, però, si può affermare che l'emozione non rappresenti solo una mera risposta ad una componente biologica sensoriale, bensì è un'esperienza complessa, multidimensionale, con una funzione di organizzazione cognitivo-affettiva, che funge da mediatrice tra l'organismo e l'ambiente. L'emozione assume sempre un carattere personale per il soggetto e una ricaduta sul contesto sociale che circonda lo stesso.

Più in generale, potremmo definire l'emozione come un allontanamento dal normale stato di quiete dell'individuo, il quale è accompagnato da reazioni fisiologiche che designano specifiche risposte emotive[41].

Si può comprendere quindi che l'emozione è una esperienza che coinvolge tutte le componenti corporee: a partire da un evento/stimolo il sistema nervoso centrale recepisce, elabora e valuta l'informazione; ne conseguono poi una componente di regolazione emotiva che orienta la modifica del comportamento in base dei desideri e degli scopi, e una stimolazione fisiologica che può essere, ad esempio la regolazione da parte del sistema endocrino degli ormoni rispondenti a quello stimolo; da questo ne consegue un impulso della persona ad attuare un comportamento corrispondente, che diventa un'azione deliberata di risposta alla sensazione provata. Inoltre, sia la ricezione dello stimolo che la conseguente risposta inficiano sempre di un valore situazionale specifico, che varia a seconda del contesto sociale: la componente sociale è fondamentale, in quanto gli stessi stimoli possono avere substrati biologici geneticamente determinati a seconda del contesto e delle relazioni nei quali essi avvengono[42].

Questa breve analisi del meccanismo emozionale ci lascia comprendere sia l'importanza dell'esperienza emotiva durante lo sviluppo, sia l'importanza dell'emozioni per quanto riguarda la crescita dell'individuo in relazione alla formazione delle relazioni affettive.

Quale rapporto tra crescita ed emozioni?

Senza soffermarci sulle teorie dello sviluppo delle emozioni che nel corso dei decenni sono state oggetto di studio, cerchiamo di comprendere in che modo questo rapporto sia così importante per lo sviluppo del bambino.

---

[41] Cfr. *Ibid.*, p.203.

[42] Cfr. ROBERT PLUTCHIK, E*motion in early developlment: a psycoevolutionary approach*, Edizioni Academy Press, New York 1983.

Tutti gli studiosi concordano sul fatto che esistono alcune emozioni fondamentali, cioè forme tipiche di base che preparano all'azione: sono emozioni che hanno uno specifico substrato neurale, che si esprimono attraverso una univoca configurazione facciale e che sono collegate a una precisa esperienza emotiva. Sono considerate emozioni di base: gioia, tristezza, rabbia, paura, disgusto, interesse, sorpresa, vergogna[43].

Esistono diversi periodi evolutivi per i quali le emozioni emergono, si modificano e diventano sempre più complesse. Proviamo a fornirne una breve descrizione[44]:

a. *Reazioni emotive.* Compaiono dalla nascita e sono regolate dai processi biologici fondamentali per la sopravvivenza; sono risposte a sensazioni (ad esempio il disgusto, il fastidio per una fonte luminosa, il fastidio per il troppo rumore) oppure segnali di bisogno (ad esempio il pianto quando si ha fame). Seppur congruenti, queste reazioni non possono ancora essere considerate come forme intenzionali di comunicazione.
b. *Interazioni sociali basiche.* Si manifestano dal secondo mese al primo anno di vita e costituiscono la prima forma di comunicazione delle intenzioni del bambino, che inizia ad attuare un controllo emozionale. In questa fase compaiono il sorriso sociale non selettivo in risposta alla voce umana, il sorriso selettivo in risposta alla voce materna e la paura dell'estraneo, manifesta nel contatto tra il bambino e le persone sconosciute.
c. *Emozioni complesse.* si manifestano dopo il primo anno di vita e si completano generalmente intorno ai tre anni. A differenza delle emozioni fondamentali, queste emozioni complesse – che possiamo identificare nella timidezza, nella colpa, nell'orgoglio, nell'invidia – sono apprese e non immediatamente riconoscibili, ma possono manifestarsi anche attraverso segnali comuni ad altre emozioni; hanno origine da forme di autoriflessione e richiedono una autoconsapevolezza dell'osservazione di sé e delle proprie azioni. Questo tipo di emozioni prescindono e dipendono dalla cultura, dalle aspettative e dalle norme di comportamento sociali che il bambino acquisisce. La fase delle emozioni complesse si evolve e si sviluppa lungo tutto l'arco della vita dell'individuo.

In rapporto alle interazioni sociali, si comprende come le emozioni sono sia dei segnali indispensabili per regolare la comunicazione, sia come essi costituiscono il ruolo di mediatore

[43] Cfr. CARROL IZARD, *The Psychology of emotions*, Edizioni Plenum Press, New York 1991.
[44] Cfr. LUIGI ANOLLI, *Lo sviluppo emotivo precoce*, Edizioni Cortina, Milano 1995.

sociale. Attraverso la socializzazione delle emozioni, ossia «l'attribuzione di significato ad eventi e stimoli interni ed esterni»[45] il bambino diventa capace di esplicitare in maniera consona al contesto le proprie emozioni; questo tipo di socializzazione fa sì che le emozioni acquistino significato all'interno delle relazioni affettive, in quanto ad esse sono poi strettamente correlate.

In una relazione affettiva l'emozione svolge sia una funzione comunicativa, sia di regolazione del rapporto psico-affettivo con l'altra persona; questo legame, che nella prima parte della vita si manifesta di più tra bambino e *caregiver*[46], nella crescita si articola in maniera sempre più complessa, di pari passo con l'interazione dell'individuo con i suoi pari e con gli altri gruppi sociali. La dimensione psico-affettiva e i relativi rischi e benefici che scaturiscono da essa, danno all'individuo un orientamento profondo, fatto da motivazioni, eventi, sensazioni ed emozioni che lo indirizzano verso quale direzione affettiva prendere e verso quali persone, categorie o situazioni sociali indirizzare il suo tempo ed impiegare le proprie energie per la propria realizzazione.

---

[45] LUIGIA CAMAIONI – PAOLA DI BLASIO, *Psicologia dello sviluppo*, p.220.

[46] Termine spesso utilizzato oggi nel linguaggio comune, indica letteralmente colui che si prende cura. I caregiver sono le persone che assistono diverse categorie, dai bambini, agli anziani, ai diversamente abili. Quando parliamo di sviluppo del bambino, con questo termine ci riferiamo solitamente alla figura della madre o ai membri della famiglia, punto di riferimento umano e valoriale per il bambino.

CAPITOLO II
IL DPTS CAUSATO DALLA PANDEMIA

L'arrivo improvviso di un evento pandemico della portata del virus Sars-COV2 ha rivoluzionato nel giro di un anno e mezzo il modo di vivere di milioni di persone, ridefinendo in maniera radicale la quotidianità dei singoli e della collettività e limitando molte delle libertà personali che in molte nazioni sembravano ormai fuori da ogni discussione. Abitudini, spostamenti, rapporti interpersonali, economia, relazioni sociali, cultura, istruzione, politica, religione: tutti questi aspetti sono irrimediabilmente segnati dalla pandemia. Ci rendiamo conto come il virus abbia creato un DPTS (disturbo da stress post traumatico[1]) sociale e culturale dal quale – se non ancora usciti da questo evento pandemico di portata globale – siamo chiamati a reagire, a dare risposte, a tracciare solchi di ripartenza.

In questo capitolo cercherò di approfondire il contesto della pandemia non solo dal punto di vista sanitario, ma come evento che coinvolge l'uomo nella sua integralità.

Le ricadute psicologiche che si evidenziano sono molteplici e disparate. L'uomo di questo tempo ha bisogno di risposte, di ritrovare le sicurezze perse, di aggrapparsi a nuove certezze per poter ritornare a vivere quando finalmente cominceranno ad intravedersi segnali veri di ripresa e di uscita dalla pandemia. L'uomo contemporaneo è il cercatore di luci di speranza già nel buio della pandemia.

§1. L'anno della pandemia

Intorno a metà del novembre 2019, in Cina (e precisamente nella provincia di Hubei) le autorità sanitarie locali hanno riscontrato in alcuni pazienti una polmonite di causa sconosciuta, la quale presentava somiglianze con una sindrome respiratoria acuta grave, meglio conosciuta come Sars, sviluppatasi in Cina dal 2002; i sintomi registrati erano in larga parte febbre, tosse, dolori muscolari, spossatezza, respiro pesante e nei casi più gravi polmonite interstiziale in forma acuta, per la quale si rendeva necessario il ricovero in terapia intensiva.

[1] Lo stress post-traumatico (*Post Traumatic Stress Disorder*), è una forma di disagio mentale che si sviluppa in seguito a esperienze fortemente traumatiche; può manifestarsi in persone di tutte le età, dai bambini e adolescenti alle persone adulte, e può verificarsi anche nei familiari, nei testimoni, nei soccorritori coinvolti in un evento traumatico. Le persone affette da DPTS manifestano difficoltà al controllo delle emozioni, irritabilità, rabbia improvvisa o confusione emotiva, depressione e ansia, insonnia, ma anche la determinazione a evitare qualunque atto che li costringa a ricordare l'evento traumatico [Cfr. MASSIMO BIONDI (a cura di), *DSM-5. Manuale diagnostico e statistico dei disturbi mentali*, Edizioni Raffaello Cortina, Milano 2014].

Nello specifico, da un primo sommario tracciamento dei malati, si è evinto che tutti i contagiati erano stati a contatto con il mercato animale di Wuhan, capitale della regione, dove venivano venduti animali selvatici in maniera promiscua, tra i quali pesce, polli, pipistrelli, marmotte, serpenti, conigli ed altro. Questo segnale ha dato credito all'ipotesi che si potesse trattare di un coronavirus scatenato da una zoonosi, ovvero una malattia infettiva trasmessa dagli animali all'uomo in seguito a una mutazione del virus che ne determina il salto di specie e la conseguente trasmissione umana[2].

Sebbene le autorità cinesi abbiano tentato di minimizzare la situazione e a circoscriverla solo ad eventi isolati di questa polmonite sospetta, i casi nella cittadina di Wuhan e in tutta la provincia dell'Hubei sono aumentati fino a portare il governo cinese ad una decisione senza precedenti nella storia del genere umano: dal 23 gennaio 2020 la città di Wuhan veniva blindata e undici milioni di persone sono state confinate in quarantena preventiva[3].

A questo punto però il mondo è entrato in allarme, poiché era ormai chiara la contagiosità del Sars-COV2 e la diffusione della malattia conseguente all'infezione, denominata Covid-19. Nelle prime due settimane del gennaio 2020 il virus si presentava già largamente diffuso nelle altre province cinesi e favorito dagli spostamenti della popolazione in occasione del Capodanno cinese. L'Organizzazione Mondiale della Sanità, informata della situazione, il 30 gennaio 2020 ha dichiarato Covid-19 come emergenza di sanità pubblica di interesse internazionale.

La situazione sul territorio italiano, apparentemente non interessato dalla diffusione del virus fino ai primi giorni di gennaio 2020, ha visto – in anticipo rispetto agli altri paesi europei – l'adozione di una serie di provvedimenti atti al contenimento della circolazione del Sars-COV2: in seguito alla scoperta dei primi due casi di turisti provenienti dall'Hubei registrati in Italia, il Governo italiano ha sospeso i collegamenti dalla Cina e ha dichiarato lo stato d'emergenza sul territorio nazionale relativo al rischio sanitario[4]. Due nuovi e inaspettati cluster di contagio vengono scoperti in alcune province della Lombardia (con particolare tasso di positività al Covid-19 nelle città di Codogno, Bergamo, Alzano Lombardo) e nel paese veneto di Vo' Euganeo. A seguito di segnalazione di nuovi casi anche in altre regioni del paese, le autorità governative hanno adottato una serie di provvedimenti proporzionali alla crescita del contagio: il decreto legge del 23 febbraio 2020 a seguito di una ordinanza del Ministero della Salute ha disposto misure

[2] Cfr. DAVID QUAMMEN, *L'evoluzione delle pandemie*, Edizioni Adelphi, Milano 2014.

[3] Cfr. ROBERTO BURIONI, *Virus, la grande sfida*, Edizioni Rizzoli, Milano 2020, pp.10-12.

[4] Cfr. CONSIGLIO DEI MINISTRI, *Delibera*, 31-01-2020, in GAZZETTA UFFICIALE DELLA REPUBBLICA ITALIANA (da ora: *GU*) n.26, 1-02-2020; MINISTERO DELLA SALUTE, *Ordinanza* n.30, 30-01-2020 in *GU* n.26, 1-02-2020.

restrittive in dieci comuni lombardi e nel comune veneto di Vo' Euganeo tra le quali chiusura di scuole, esercizi commerciali, divieto qualsiasi attività aggregativa e l'invio delle forze armate per cinturare i comuni oggetto del provvedimento ed evitare l'entrata o l'uscita dei cittadini[5]; di pari passo, in modo sparso nel paese venivano emanate varie ordinanze sindacali volte ad evitare assembramenti e possibili occasioni di contagio; il 5 marzo 2020 è stata sospesa su tutto il territorio nazionale la didattica in presenza[6].

Il 9 marzo 2020, dopo l'aumento netto dei casi di positività sul territorio nazionale, il Presidente del Consiglio dei Ministri ha emanato un decreto con il quale ha istituito una zona protetta su tutto il territorio nazionale[7]: l'Italia, di fatto, viene posta da quel giorno – e per i successivi due mesi – nel cosiddetto *lockdown*: vengono chiuse tutte le attività commerciali (salvo coloro che garantiscono beni di prima necessità) e le attività lavorative non essenziali, le attività ricreative e sociali, le attività sportive professionali e amatoriali, i centri per la cura della persona, le chiese; viene richiesto l'uso, ove possibile, del lavoro agile a distanza; resta consentito uscire di casa solo per motivi di necessità (approvvigionamento di beni e servizi essenziali), per motivi di salute o per andare a lavoro; è vietato recarsi in abitazioni private al di fuori della propria residenza o abitazione.

Attestato un aumento esponenziale dei casi di contagio da Sars-COV2 all'11 marzo 2020 (i dati dichiarati parlavano di più di 118mila casi in 114 paesi e più di 4mila morti a quella data), l'Organizzazione Mondiale della Sanità ha dichiarato Covid-19 una pandemia[8].

Il contagio da Sars-COV2 in Italia ha vissuto, a partire dalla fine di febbraio 2020, – ad oggi – tre ondate di maggiore incremento della curva di andamento epidemico. Nei periodi di maggior aumento percentuale del numero dei contagiati sul nostro territorio (febbraio/maggio 2020, ottobre/dicembre 2020, febbraio/aprile 2021) il sistema sanitario nazionale ha subito una intensa pressione con molte criticità.

In primo luogo, specie durante lo scoppio della pandemia, è venuta fuori una carenza di strutture e terapie adeguate alla richiesta enorme di quanti avevano bisogno di cure: la rete ospedaliera ha dovuto correre ai ripari per evitare di rimanere senza posti di terapia intensiva, che andavano occupandosi di giorno in giorno; fin da subito il Governo, tramite la Protezione Civile

[5] Cfr. CONSIGLIO DEI MINISTRI, *Decreto-legge* n.6, 23-02-2020, in *GU* n.45, 23-02-2020.
[6] Cfr. PRESIDENTE DEL CONSIGLIO DEI MINISTRI, *Decreto*, 4-03-2020, in *GU* n.55, 4-03-2020.
[7] Cfr. PRESIDENTE DEL CONSIGLIO DEI MINISTRI, *Decreto*, 9-03-2020, in *GU* n.62, 9-03-2020.
[8] Cfr. ORGANIZZAZIONE MONDIALE DELLA SANITÀ, *Conferenza Stampa*, 11-03-2020, in https://www.who.int/director-general/speeches/detail/who-director-general-s-opening-remarks-at-the-media-briefing-on-covid-19---11-march-2020.

Nazionale, ha attivato una serie di trattative per l'approvvigionamento dei ventilatori polmonari[9], unico ausilio ai malati con insufficienza respiratoria e ha rafforzato, grazie all'ausilio delle regioni, la rete ospedaliera, riservando dove possibile interi ospedali ai malati di Covid-19.

In secondo luogo, si è assistito a uno sforzo enorme del personale sanitario: medici e infermieri che, rischiando in prima persona il contagio e pagando a volte anche con la loro vita, hanno cercato di assistere quanti più pazienti possibili, con turni di lavoro estenuanti, senza riposo e in condizioni al limite della sopportazione umana. I sanitari si sono ritrovati sul fronte di guerra, a combattere un virus che non rispondeva a nessuna terapia, a sperimentare cure più o meno efficaci, ma soprattutto si sono trovati ad essere l'unico conforto umano per chi, nell'isolamento dell'ospedale, lottava ogni istante tra la vita e la morte.

In terzo luogo, l'evoluzione rapida della malattia ha reso necessario a livello globale l'impegno tutta la comunità scientifica per fornire una risposta sufficiente ad arginare la pandemia e a fornire adeguate cure a quanti hanno contratto Covid-19. Sin da subito, difatti, l'impegno scientifico, accompagnato da un investimento di ingenti risorse economiche, ha portato nel giro di un tempo brevissimo, alla creazione, sperimentazione e somministrazione, già su larga scala, di vaccini sicuri ed efficaci in grado di ridurre le possibilità di contagio e di evitare le forme gravi di infezione.

Anche l'economia, purtroppo, ha risentito di questa pandemia, in quanto tutte le attività commerciali non di prima necessità hanno lavorato e tutt'oggi lavorano a singhiozzo o in maniera parziale; abbiamo a che fare con attività e interi settori produttivi che sono costretti a chiudere, a dichiarare fallimento, poiché nessun ristoro, per quanto congruo o incongruo che sia, può sopperire alla produttività lavorativa. Ad oggi sono molti i settori dell'economia (ristorazione, abbigliamento, turismo, trasporti, strutture ricettive, eventi culturali, concerti, teatri, cinema, palestre e centri sportivi) che risentono in modo grave dello stallo che Covid-19 ha portato nella società, congelando di fatto la circolazione di moneta e l'erogazione di quei beni e quei servizi che seppur non primari, costituiscono una parte importante dell'economia mondiale e dei singoli paesi.

Oltre le considerazioni di carattere storico-cronologico, è importante soffermarsi anche sulle conseguenze sociali che questa pandemia sta scatenando.

---

[9] Cfr. CONCESSIONARIA SERVIZI INFORMATIVI PUBBLICI, *Comunicato*, 9-03-2020, in https://www.consip.it/media/news-e-comunicati/emergenza-covid-19-aggiudicata-la-prima-procedura-d-urgenza-per-la-fornitura-di-dispositivi-medici-per-la-terapia-intensiva-e-sub-intensiva.

Siamo tutti consapevoli che dal 10 marzo 2020, di fatto, le nostre vite sono state stravolte da una situazione che nessuno avrebbe mai immaginato. Ci siamo sentiti, tutt'a un tratto, impreparati e impotenti di fronte a un nemico che nessuno di noi sapeva affrontare. Abbiamo così iniziato a combattere una guerra senza armi: il timore di essere contagiati, la corsa nel cercare dispositivi di protezione individuale, l'approvvigionamento incontrollato nel timore di uno stop della filiera alimentare, la disperazione di rimanere chiusi in casa senza una fonte di guadagno, l'incalzare di notizie sempre più negative ascoltate innanzi a un televisore nella routine di una giornata in casa, il terrore di perdere le persone più care, l'angoscia di rimanere in una stanza di ospedale attaccati a un ventilatore polmonare senza un volto amico accanto, lo strazio di non poter dare l'ultimo saluto a un caro defunto...

Sentimenti che tutti, indistintamente abbiamo vissuto e che portiamo ancora dentro come ricordo di quei mesi di chiusura totale, dove non sembrava esserci una via d'uscita e dove la malattia sembrava avanzare giorno per giorno in modo inarrestabile.

Ma quali possono essere le conseguenze di questo tempo di pandemia – in cui siamo ancora immersi – sulle nostre relazioni?

Certamente dobbiamo partire da un presupposto:

> «non si può uscire oggi da un'apocalisse del genere ritornando alla vita di prima e mettendosi alle spalle quella che avevamo vissuto nelle settimane scorse. Non si può, perché forse ci è ormai impossibile guardare l'altro, l'altro che non conosciamo, senza che insorga il timore del contagio. Non si può, perché forse on riusciamo a liberarci delle nuove vibrazioni del nostro io maturate nella lunga solitudine. Non si può, soprattutto perché quello che ci è accaduto ci ha aperto gli occhi sulle tragedie a cui ci esponiamo, avvalendoci del creato, come sinora abbiamo fatto, non per preservarlo e migliorarlo, ma per ricavarne senza limiti tutto ciò che tutto ciò che soddisfa i nostri fini egoistici e immediati. Ha inoltre messo a nudo, a volte esaltandolo grazie alla solidarietà, a volte ferendolo a causa delle diseguaglianze, il valore incommensurabile della persona»[10].

Queste parole di Giuliano Amato ci fanno comprendere come la centralità della persona e il rapporto tra simili è stato disgregato da una malattia che ha allentato, se non azzerato i rapporti interpersonali.

Il Covid-19 ha posto una lente di ingrandimento sul rapporto tra l'io, il tu, il noi. Il distanziamento sociale, la chiusura dei confini, l'isolamento domestico, il lavoro a distanza, ci hanno allontanato dalla relazione con gli altri, hanno messo a nudo le nostre vulnerabilità; ogni nostra esperienza viene rielaborata e ripensata al confine tra l'oggettività della minaccia e la

---

[10] CINZIA CAPORALE – ALBERTO PIRNI (a cura di), *Pandemia e Resilienza. Persona, comunità e modelli di sviluppo dopo la Covid-19*, Edizioni CNR, Roma 2020, p.5.

soggettività della risposta: i nostri rapporti interpersonali vengono ripensati e provano a riacquistare vigore e forza in relazione al rapporto che il mio io ha con gli altri[11].

Un aiuto alla relazione ci viene dato dall'unico mezzo che in questo anno ha reso possibile il contatto tra gli individui: se la tecnologia è stato ed ancora oggi è l'unico mezzo per poter alimentare la relazione con l'altro, ha mostrato però la negatività dell'isolamento e la facilità con la quale ci si può rifugiare dietro uno schermo. Le nostre relazioni, affettive, amicali, lavorative, scolastiche, sociali, (quelle autentiche) corrono quindi il rischio di essere solo un vago ricordo del *prima* e di rimanere in un nostalgico cassetto di ricordi.

§2. Le ripercussioni in ambito educativo

La pandemia e le conseguenti misure messe in atto per contenere la diffusione del virus hanno inevitabilmente intaccato l'intero apparato scolastico, con sospensioni delle lezioni in presenza che dall'inizio del lockdown perdurano ancora oggi a singhiozzo un po' in tutta Italia.

Una cosa certa che in questo tempo abbiamo potuto sperimentare è quanto la scuola sia importante per i bambini e per il futuro della società. Lo tsunami della pandemia ha messo allo scoperto gli aspetti di crisi della scuola italiana, ma allo stesso tempo ha aperto la strada per indirizzare una riflessione seria su come si può migliorare il sistema scolastico.

Si cercherà quindi di analizzare alcuni aspetti che hanno caratterizzato l'*essere* scuola di questo ultimo anno, ecco il punto della situazione.

2.1 Disagi e problematiche degli alunni

Nelle mille problematiche legate alle chiusure, ci siamo resi conto che i bambini hanno dovuto subire, loro malgrado, cambiamenti forzati e spesso difficili da metabolizzare in un tempo così breve: divieto di uscire di casa, quarantene difficili, spazi ristretti, relazioni disarmoniche e conflittuali, routine giornaliera pesante e monotona. Questi fattori hanno creato nei bambini una serie di disagi che se non arginati, possono riflettersi sul lungo termine e vanno ad inficiare in modo negativo sulle fasi dell'apprendimento proprie dell'età scolastica. Appare chiaro che l'ambiente di vita giochi un ruolo chiave nella crescita quotidiana dei nostri piccoli: come la psicologia ci ricorda, il bambino interagisce e apprende dal contesto in cui vive la sua quotidianità, sviluppa nuove capacità e nuovi stimoli in risposta alle sollecitazioni provenienti dall'esterno; ne consegue che, in un ambiente nel quale non riesce ad esercitare le sue relazioni

[11] Cfr. STEFANO VICARI – SILVIA DI VARA (a cura di), *Bambini, adolescenti e Covid-19. L'impatto della pandemia dal punto di vista emotivo, psicologico e scolastico*, Edizioni Erikson, Trento 2021, pp.16-18.

in serenità, il bambino attua dei meccanismi di difesa per proteggere sé stesso ed allontanare da lui tutto ciò che nuoce al suo benessere psico-fisico.

Ma quali sono le emozioni che i bambini, sottoposti a questo logorio della quotidianità tra le mura domestiche? Tramite una recente indagine[12] proviamo a descrivere le manifestazioni di disagio più frequenti in questi mesi:

a. *Angoscia.* I bambini hanno mostrato ansia e paura per la propria salute, per quella dei genitori e dei propri cari; chi ha vissuto la triste esperienza della malattia, del ricovero o della morte di un proprio familiare, ha sicuramente sperimentato emozioni traumatiche. Nei bambini provati dal timore si innescano meccanismi di allarme di fronte a un pericolo che, se circoscritti a un periodo di tempo limitato, danno al bambino la capacità di attuare meccanismi di reazione normali per la loro età; tuttavia, quando il timore supera una certa soglia temporale (come nel caso di un lockdown prolungato), esso può portare ad una seria compromissione del proprio benessere psico-fisico.
b. *Ansia da separazione.* In una situazione di spavento si è notato l'aumento dell'ansia da separazione del bambino, poiché in un momento di difficoltà esso tende a cercare sempre la propria base sicura per essere protetto e rassicurato; quando per motivi sanitari, lavorativi o per precauzione è avvenuta questa separazione dal genitore o dal caregiver, i bambini hanno provato sensazioni di angoscia e di incertezza molto intense. Dopo questi traumi è sempre consigliato il ricongiungimento con il proprio punto di riferimento nel più breve tempo possibile o, nell'impossibilità di ciò, affidare il bambino a una persona di famiglia e far monitorare da un professionista l'evolversi della situazione.
c. *Irritabilità.* Anche se le ricerche non approfondiscono le radici di questa emozione, i motivi possono essere dedotti in maniera abbastanza semplice: lontananza dalle figure di riferimento, cambio repentino delle abitudini, divieto di vedere e giocare con gli amici, lontananza dal contesto scolastico, impossibilità di svolgere qualsiasi attività ludica, sportiva o ricreativa fuori casa, obbligo di una staticità durante le lezioni a distanza, obbligo di sottostare a regole senza deroga (ad esempio indossare

[12] L'indagine svolta sulla situazione della pandemia in Italia da Barari e colleghi nel 2020 è stata condotta su un campione di 3452 cittadini ha posto in evidenza come gli adulti partecipanti abbiano manifestato stati di preoccupazione e di ansia molto elevati, che di riflesso hanno un impatto negativo sulla salute psicologica dei bambini. In riferimento alle emozioni provate dai più piccoli [Cfr. *Ibid.*, pp.34-36].

la mascherina, mantenere il distanziamento, ecc.). In questo turbinio di fattori viene quasi automatica l'istaurazione nel bambino di sentimenti di rabbia o ribellione. È importante però, anche in questi momenti, aiutare il bambino nella gestione della rabbia senza far del male a sé stesso e agli altri.

d. *Difficoltà di concentrazione.* Questa situazione di distrazione è dovuta in questi mesi alla presenza di pensieri intrusivi, spesso dal carattere di rimugino, che danno l'impressione di rimanere intrappolati in quella determinata situazione, dalla quale il bambino non riesce a trovare una ragionevole via d'uscita. Per contrastare questa tendenza un metodo efficace è aumentare le attività piacevoli, provando ad avere un controllo sui pensieri negativi; altra tecnica efficace consiste nell'esercizio di ridimensionamento della situazione negativa, imparando a guardare a fonti esterne con una prospettiva realista.
e. *Disturbi del sonno.* L'ansia e l'irritabilità ad alti livelli rendono difficile il rilassamento e il sonno; la routine quotidiana completamente stravolta ha inoltre portato un aumento delle ore di riposo durante la giornata, che hanno determinato uno squilibrio fisiologico non indifferente: spesso dormire troppo o, in generale avere un ritmo di vita blando, rende il corpo più affaticato e meno reattivo agli stimoli. Ne consegue che anche le normali ore di sonno vengono stravolte e il bambino vive notti insonni e difficoltà di riposo. Durante il lockdown è risultato molto efficace mantenere orari di sonno adeguati, scanditi da una routine quotidiana che comprenda il momento dell'andare a letto. Anche l'uso prolungato di dispositivi tecnologici prima del sonno è sconsigliato, in quanto tv, tablet, pc e smartphone non aiutano la mente a comprendere il tempo del riposo; è più proficuo e favorisce maggior rilassamento un bagno caldo, un racconto o l'ascolto di musica.

2.2 L'esperienza della didattica a distanza

Riguardo alle modalità di prosieguo delle lezioni, la chiusura delle scuole e dei servizi per l'infanzia ha reso necessaria una organizzazione della continuità didattica in modalità a distanza, esperienza totalmente nuova nelle scuole italiane. Il decreto del Presidente del Consiglio dei ministri dell'8 marzo 2020 forniva questa sintetica indicazione:

«I dirigenti scolastici attivano, per tutta la durata della sospensione delle attività didattiche nelle scuole, modalità di didattica a distanza avuto anche riguardo alle specifiche esigenze degli studenti con disabilità»[13].

In base a questa prima indicazione le dirigenze scolastiche del paese hanno iniziato ad organizzarsi secondo le esigenze specifiche del territorio e gli strumenti che avevano a disposizione in questo ambito emergenziale.

Dal punto di vista dei docenti, l'esperienza della didattica a distanza non è stata soltanto una semplice trasposizione in modalità telematica della tradizionale didattica in presenza, ma ha comportato la necessità di reiventare, di stravolgere le modalità di fare lezione. La proposta degli argomenti da parte del docente, la spiegazione, l'attività pratico-laboratoriale, l'attenzione personalizzata verso il singolo alunno anche nel contesto della classe, le dinamiche socio-ambientali che le relazioni tra gli alunni producono: tutti questi elementi, che costituiscono l'insegnamento in presenza, hanno dovuto subire radicali modifiche ed essere riadattati considerando l'assenza fisica degli alunni. Mentre in classe gli allievi sono tanti e tutti insieme sotto gli occhi dell'insegnante, che può controllare una distrazione, porre l'attenzione su un bambino con difficoltà, verificare dagli atteggiamenti degli stessi la comprensione o meno dell'argomento proposto, in didattica a distanza ogni bambino si ritrova confinato nella propria casa e allo stesso tempo ha più possibilità di distrarsi, di sfuggire al controllo dell'insegnante, di bypassare l'impegno che la lezione richiede, con conseguenti carenze nell'apprendimento personale. L'insegnante ha dovuto poi modificare e riadattare i parametri di giudizio dell'alunno, poiché se prima i criteri di valutazione erano definiti principalmente da verifiche periodiche – in forma scritta, orale o pratica svolte in presenza –, con la distanza i criteri principali di valutazione sono diventati: l'attenzione e la partecipazione alle lezioni, l'esecuzione puntuale degli esercizi assegnati, le domande fatte in modo appropriato[14].

Anche il ruolo degli allievi risulta totalmente stravolto: grazie alle piattaforme digitali viene attenuata quella naturale gerarchia sociale che il contesto di classe crea (con le fisiologiche distrazioni) e, per certi versi, in alcuni momenti si creano occasioni più proficue per seguire la spiegazione. Ci si è poi dovuti confrontare con la nuova modalità di consegna dei lavori assegnati, sempre su piattaforma, e su nuove forme di attività di gruppo che hanno incentivato la creatività

---

[13] PRESIDENTE DEL CONSIGLIO DEI MINISTRI, *Decreto*, 8-03-2020, art.2, comma 1, lettera *m)*, in *GU* n.59, 8-03-2020.

[14] Cfr. ALESSANDRA GUIGONI – RENATO FERRARI, *Pandemia 2020. La vita quotidiana in Italia con il Covid-19*, Edizioni M&J Publishing House, Danyang 2020, pp.113-116.

e l'ingegnosità dei bambini nella partecipazione attiva della lezione e allo stesso tempo hanno svelato le enormi capacità di adattamento ai nuovi strumenti digitali dell'apprendimento.

In una recente ricerca condotta da Microsoft Italia ha evidenziato le positività che questa modalità didattica ha portato agli alunni, alle famiglie e alla scuola.

> «Relativamente al rapporto con la tecnologia, il 70% degli insegnanti dichiara un miglioramento significativo con conseguenti benefici rispetto allo svolgimento della propria professione: l'uso di strumenti digitali ha reso infatti i docenti più motivati (17%) più concentrati (9%), più soddisfatti in generale del loro lavoro (9%). Altri punti di forza della didattica a distanza, sono stati un generale miglioramento della pianificazione della didattica (10%) e una ottimizzazione dei tempi e dei costi (9%).
> (...) anche gli studenti hanno migliorato le loro competenze digitali. Il 9% del campione dichiara anche che si è verificata l'acquisizione di una maggiore autonomia nella fase di apprendimento. Un maggiore senso di coesione con i docenti e i compagni di classe, invece, è il terzo risultato positivo generato da questo tipo di didattica, secondo il 5% degli intervistati»[15].

C'è però un punto critico che la didattica a distanza ha messo in luce: si è accentuato il divario socioeconomico che molte volte la didattica in presenza riesce a colmare. Per gli alunni provenienti da situazioni familiari disagiate e contesti di difficoltà economica, reperire dispositivo che non si blocchi, una connessione stabile e un ambiente sereno dove poter svolgere la lezione non è sempre così semplice, né scontato. Nello specifico, non è raro vedere nelle nostre classi alunni che devono «arrangiarsi» in vario modo, utilizzando cellulari per le video lezioni o una rete mobile a volte instabile; non è raro avere a che fare con studenti che si connettono e si disconnettono, che non riescono a seguire la spiegazione o che sono costretti a utilizzare modalità di lezione in asincrono perché impossibilitati ad essere connessi in presenza[16].

Per chiunque insegni, è scontato che il contesto economico, familiare e sociale influisce molto sul rendimento degli studenti; questi alunni che non vivono in un contesto familiare sereno e che trovavano nella scuola in presenza un ambiente sociale apportatore di serenità e di nuovi stimoli per la convivenza e l'apprendimento, hanno risentito in maniera decisa delle restrizioni imposte dalla pandemia sia sul loro profitto, sia sulla loro condizione psico-fisica data dal clima, a volte dominato da relazioni conflittuali, dove essi si trovano a svolgere sia la didattica a distanza che lo studio individuale.

---

[15] STEFANO VICARI – SILVIA DI VARA, *Bambini, adolescenti e Covid-19*, pp.41-42.
[16] Cfr. ALESSANDRA GUIGONI – RENATO FERRARI, *Pandemia 2020*, pp.117-118.

2.3 Pandemia e bisogni educativi speciali

Se, come già accennato in precedenza, la pandemia ha avuto radicali ripercussioni su aspetti cruciali della vita dei bambini, maggiori problematiche sono state segnalate nei bambini con bisogni educativi speciali, i quali già in un contesto di "normalità" trovano enormi difficoltà nella didattica e nei processi di apprendimento.

Ma cosa intendiamo per alunni con bisogni educativi speciali (da ora: *BES*)? Per *BES* intendiamo tutti quei bambini che hanno necessità di attenzione speciale nel corso del loro percorso scolastico. I motivi possono essere svariati: disabilità fisico-motorie o cognitive certificate dal Servizio Sanitario Nazionale e che richiedono un insegnante di sostegno e un Piano educativo individualizzato (da ora: *PEI*); disturbi evolutivi specifici, tra cui i disturbi specifici dell'apprendimento (da ora: *DSA*), i deficit di attenzione e iperattività, certificati da specialisti privati o dal Servizio Sanitario nazionale e che richiedono da parte della scuola la redazione di un Piano didattico personalizzato (da ora: *PDP*); disturbi legati a fattori socio-economici, linguistici, culturali (ad esempio alunni stranieri o provenienti da contesti sociali o situazioni familiari problematiche) con problematiche transitorie o permanenti di apprendimento, comportamentali o relazionali e che richiedono la redazione di un *PDP*[17].

Una piccola parentesi di attenzione meritano le problematiche legate ai *DSA*.

Essi si identificano quali compromissioni specifiche e significative dell'abilità di scrittura, lettura e calcolo, presenti in soggetti con adeguate abilità cognitive, visive e uditive non dipendenti da deficit neurologici sensoriali; alcuni disturbi possono essere specifiche, persistenti e strutturate, altri invece possono derivare da modelli socio-comportamentali appresi, processi di emarginazione o altri aspetti esterni al bambino che possono portare difficoltà più o meno lievi nell'apprendimento. A prescindere però dalla causa del disturbo, la scuola primaria attraverso le strategie didattiche introdotte accompagna i *DSA* verso l'acquisizione delle abilità strumentali, ossia delle competenze di base (lettura, scrittura, calcolo) che ogni bambino deve avere per poter apprendere e mettersi in relazione con gli altri[18].

La categoria dei bambini *BES*/*DSA* ha risentito – e tutt'ora risente – delle problematiche legate alla chiusura prolungata delle scuole e al passaggio alla Didattica digitale integrata (da ora:

[17]Cfr. MINISTERO DELL'ISTRUZIONE, DELL'UNIVERSITÀ E DELLA RICERCA, *Direttiva*, 27-12-2012, in https://miur.gov.it/web/guest/ricerca-tag/-/asset_publisher/oHKi7zkjcLkW/document/id/368339.

[18] Cfr. STELLA DI GIORGIO (a cura di), *Piccola Guida ai DSA. I disturbi specifici dell'apprendimento: caratteristiche, strumenti, trattamento e PDP*, Collana Edulica, vol.2, Edizioni 110eLode.Net, 2020, pp.7-10.

DDI): i primi sommati dati raccolti nel primo semestre del 2020[19] riportano dati allarmanti. Le famiglie di bambini con disabilità o disturbi dell'apprendimento hanno segnalato libelli elevati di difficoltà nel prosieguo della didattica e delle strategie di apprendimento e un minore senso di sostegno sociale (quasi una sensazione di abbandono da parte dell'istituzione scuola) rispetto a famiglie con bambini normodotati. Nello specifico, nei mesi di lockdown i bambini *BES/DSA* hanno manifestato scarsa capacità di concentrazione, regressione nell'apprendimento, irritabilità e malessere generale; purtroppo, questi comportamenti in generale sono scaturiti da una risposta non adeguata della scuola alle esigenze dei bambini *BES/DSA*, sia per la velocità della pandemia che ha mostrato le carenze e le fragilità del sistema scolastico italiano, sia per i metodi insufficienti di accompagnamento dei bambini *BES* nell'ambito familiari, sia per le condizioni socio-economiche nelle quali i bambini si sono trovati pienamente coinvolti, essendo loro i più esposti e i più fragili.

Scendiamo ancora di più nel dettaglio per comprendere il rapporto tra *DDI* e *BES/DSA*. La principale difficoltà riscontrata dai docenti è stata quella di adattare gli obiettivi e le strategie dei *PEI* alle modalità di svolgimento della didattica, che ha subito – almeno da marzo a settembre 2020 – della privazione della presenza fisica e del rapporto diretto tra educatore e bambino. Tranne alcuni casi sporadici, possiamo affermare che la generale mancata implementazione di metodologie e strategie di didattica inclusiva e la conseguente delega alla sola insegnante di sostegno della progettualità degli alunni *BES/DSA*, ne hanno accentuato la distanza con il contesto classe: se in presenza si attuavano strategie che favorivano l'inclusione dei *BES/DSA* in un contesto di socializzazione nell'ambito della classe, a distanza si è preferito – giustamente – lavorare sul gap dell'acquisizione delle abilità strumentali, penalizzando l'inclusione e lo scambio relazionale con i compagni.

Ad oggi, l'unico studio condotto nel nostro paese proprio sul rapporto tra *DDI* e *BES/DSA* è stato condotto da un pool di atenei italiani ed è stato realizzato nell'ambito del progetto *Oltre le Distanze*[20]: lo scopo di questo studio è stato sia di dare una fotografia istantanea dell'inclusione degli allievi con disabilità nella DDI, sia di analizzare le best practices per far fronte all'emergenza, attraverso riflessioni, workshop e webinar.

Si riportano in maniera sintetica i risultati, sviluppati su quattro macro-aspetti:

---

[19] Cfr. STEFANO VICARI – SILVIA DI VARA (a cura di), *Bambini, adolescenti e Covid-19. L'impatto della pandemia dal punto di vista emotivo, psicologico e scolastico*, Edizioni Erikson, Trento 2021, pp.61-63.

[20] Per la ricerca completa Cfr. STEFANO VICARI – SILVIA DI VARA, *Bambini, adolescenti e Covid-19*, pp.68-74.

a. *Partecipazione alla DDI.* Solo poco meno della metà degli alunni *BES/DSA* è stata pienamente inclusa nelle forme di DDI attivate (44%). Le motivazioni di questo scarso risultato sono da ricercare sia nell'inefficacia della *DDI*, sia dall'impossibilità di attuare interventi didattici previsti dal *PEI* escludendo la metodologia di intervento in presenza, sia dalla scarsa conoscenza di alcuni docenti delle reali situazioni familiari dei bambini con disabilità; in alcuni casi è stato persino difficile raggiungere i bambini per lo svolgimento della *DDI.* Oltremodo, non dobbiamo dimenticare le problematiche che tutti hanno dovuto affrontare: scarse dotazioni tecnologiche, basse competenze digitali, inadeguatezza del supporto allo studio personale svolto a casa.
b. *Offerta dei materiali didattici.* Nei due terzi del campione intervistato si è riscontrata la non fruibilità, piena o parziale, dei materiali didattici messi a disposizione per i *BES/DSA.* In particolare, si è riscontrato che questa problematica sorgeva molto spesso dal fatto che non vi fosse un adattamento dei contenuti, in quanto tutta la didattica e la parte inclusiva della lezione veniva (in 9 casi su 10) delegata all'adattamento da parte dell'insegnante di sostegno, ove presente.
c. *Benessere.* Dal punto di vista dell'apprendimento, una percentuale di insegnanti abbastanza alta (60%) ha indicato una regressione dei propri allievi nell'apprendimento, nel comportamento, nell'autonomia e nell'attenzione. Questo dato è estremamente importante letto in un contesto amplificato: la condizione psicologica di terrore, paura e chiusura, con la conseguente acquisizione di nuove regole (stringenti e vincolanti, per un certo verso) da parte del bambino, si è riversata sul profitto scolastico. Piuttosto che concentrare l'attenzione sul lavoro che si doveva svolgere da casa, in un contesto diverso dal luogo formativo della scuola, i bambini tendevano a fuggire quel sistema che prendeva solo la parte scolastica di regole, comportamenti e compiti da svolgere ed escludeva la dimensione sociale, ludica e relazionale. Il calo dell'apprendimento risulta quindi una naturale conseguenza di un malessere diffuso nel bambino, dato dal lockdown.
d. *Spirito di collaborazione.* Si è riscontrato un duplice aspetto di questo fattore. Se da un lato troviamo una percentuale di collaborazione soddisfacente tra gli insegnanti e le famiglie dei BES/DSA, dall'altro registriamo un sensibile calo di collaborazione tra il bambino e gli altri compagni di classe. Ciò mette in luce quanto detto in precedenza, ovvero la forte difficoltà di inclusione del BES/DSA nel contesto classe.

Per fortuna però c'è da segnalare anche il rovescio della medaglia. Nonostante una situazione di difficoltà generalizzata, molti docenti sin da subito hanno dato avvio all'elaborazione di interventi per la piena inclusione di tutti gli allievi. Tra le tante iniziative, il comune denominatore è la definizione chiara degli obiettivi formativi e l'individuazione di apprendimenti significativi ed essenziali, allo scopo di trovare un punto di equilibrio e convergenza tra i bisogni individuali di alcuni e quelli di tutti; anche la costituzione di forme di didattica differenziata, come piccoli gruppi di lavoro o attività flessibili e personalizzate, come i momenti di socializzazione informale e di condivisione della quotidianità, hanno portato ad un positivo apporto inclusivo, nonché alla nascita di nuove forme di didattica in rottura con le metodologie tradizionali.

§3. Le ripercussioni in ambito pastorale

3.1 Una libertà di culto "limitata"

In ambito ecclesiastico e laico, i provvedimenti adottati dalle autorità governative italiane per il contenimento della pandemia hanno generato perplessità riguardo agli strumenti giuridici utilizzati, alle procedure seguite e alla disparità di interpretazione degli stessi in diversi luoghi del territorio nazionale[21]. Tra le urgenti misure contenute nel Decreto del Presidente del Consiglio dei ministri (da ora: *DPCM*) dell'8 marzo 2020, la vita della Chiesa su tutto il territorio nazionale è protagonista di una restrizione senza precedenti, che ricade sulla vita ecclesiale e sullo svolgimento di tutte le Celebrazioni. Leggiamo difatti:

> «l'apertura dei luoghi di culto è condizionata all'adozione di misure organizzative tali da evitare assembramenti di persone, tenendo conto delle dimensioni e delle caratteristiche dei luoghi, e tali da garantire ai frequentatori la possibilità di rispettare la distanza tra loro di almeno un metro [...]. Sono sospese le cerimonie civili e religiose, ivi comprese quelle funebri»[22].

Dopo un primo momento di disorientamento generale legato all'interpretazione di questa norma, la Conferenza Episcopale Italiana con una nota chiarisce che

> «l'interpretazione fornita dal Governo include rigorosamente le Sante Messe e le esequie tra le "cerimonie religiose". Si tratta di un passaggio fortemente restrittivo, la cui accoglienza incontra sofferenze e difficoltà nei Pastori, nei sacerdoti e nei fedeli. L'accoglienza del Decreto è mediata unicamente dalla volontà di fare, anche in questo frangente, la propria parte per contribuire alla tutela della salute pubblica»[23].

---

[21] Cfr. GIOVANNI CIMBALO, Il papa e la sfida della pandemia, in *Stato, Chiese e pluralismo confessionale*, 13 (2020), n.9, p.1.

[22] PRESIDENTE DEL CONSIGLIO DEI MINISTRI, *Decreto*, 8-03-2020, art.2, comma 1, lettera *v)*.

[23] CONFERENZA EPISCOPALE ITALIANA, *Comunicato stampa*, 8-03-2020, in https://www.chiesacattolica.it/decreto-coronavirus-la-posizione-della-cei/.

Allo stesso modo le singole diocesi, recependo le indicazioni nazionali, adottano decreti di sospensione delle Celebrazione e in alcuni casi anche della chiusura dei luoghi di culto tali, impedendo di fatto l'accesso ai fedeli anche per la preghiera personale, come nel caso della nostra arcidiocesi di Salerno-Campagna-Acerno[24]. La quotidianità dei fedeli non viene privata del sacro ma "zittita" del suo linguaggio rituale, portando i diversi fedeli ad uno smarrimento della prassi. I luoghi di culto con le annesse celebrazioni sono visti da tanti come spazio di contagio. Queste limitazioni hanno dato spazio a un acceso dibattito, sia in ambito laico che socio-ecclesiale, sulle presunte violazioni della libertà di culto da parte dello Stato.

I rapporti tra i due Stati sono regolati a norma dei Patti Lateranensi, accordi sottoscritti tra il Regno d'Italia e la Santa Sede l'11 febbraio 1929 e sottoposti a revisione nel 1984. Dei tre documenti che formano i Patti (Trattato, Convenzione Finanziaria e Concordato), prendiamo in considerazione il Concordato, documento che definisce le relazioni civili e religiose in Italia tra la Chiesa e il Governo.

All'articolo 1 del Concordato è espressamente detto che

> «L'Italia assicura alla Chiesa Cattolica il libero esercizio del potere spirituale, il libero e pubblico esercizio del culto, nonché della sua giurisdizione in materia ecclesiastica in conformità alle norme del presente Concordato; ove occorra, accorda agli ecclesiastici per gli atti del loro ministero spirituale la difesa da parte delle sue autorità»[25],

norma che richiama implicitamente l'articolo 19 nella Costituzione Italiana, che riguardo alla libertà di culto recita:

> «Tutti hanno diritto di professare liberamente la propria fede religiosa in qualsiasi forma, individuale o associata, di farne propaganda e di esercitarne in privato o in pubblico il culto, purché non si tratti di riti contrari al buon costume»[26].

Ad una prima analisi ne consegue che lo Stato in nessun caso può impedire la pratica religiosa. Stando ad interpretazioni strettamente giuridiche, nessun decreto – che deve peraltro essere sempre ratificato dal parlamento e convertito in legge – può essere in contrasto con la legittimità costituzionale. Ma è stato davvero così?

Approfondendo il testo costituzionale e quello concordatario, si evince che in effetti non vi è stata nessuna violazione.

---

[24] Cfr. ARCIDIOCESI DI SALERNO-CAMPAGNA-ACERNO, *Lettera di chiusura dei luoghi di culto*, 12-03-2021, in http://www.diocesisalerno.it/wp-content/uploads/2020/03/Lettera-per-chiusura-chiese.pdf.

[25] PATTI LATERANENSI, *Concordato tra la Santa Sede e l'Italia*, art.1, in https://www.vatican.va/roman_curia/secretariat_state/archivio/documents/rc_seg-st_19290211_patti-lateranensi_it.html#CONCORDATO_FRA_LA_SANTA_SEDE_E_LITALIA.

[26] COSTITUZIONE DELLA REPUBBLICA ITALIANA, art.19, in https://www.senato.it/1025?sezione=120&articolo_numero_articolo=19#:~:text=Tutti%20hanno%20diritto%20di%20professare,contrari%20al%20buon%20costume%20%5Bcfr.

Coloro che denunciavano l'unilateralità dei provvedimenti assunti dallo Stato, sostenevano sia che lo Stato avrebbe un obbligo generale di negoziazione bilaterale di ogni provvedimento che coinvolga l'servizio della libertà religiosa, sia che le norme emergenziali minassero la *libertas Ecclesiae* attraverso i divieti di riunione e di manifestazione pubblica[27].

L'articolo 14 del Concordato che regolamenta le eventuali difficoltà interpretative delle norme concordatarie ci viene in aiuto e chiarisce che

> «se in avvenire sorgessero difficoltà di interpretazione o di applicazione delle disposizioni precedenti, la Santa Sede e la Repubblica italiana affideranno la ricerca di un'amichevole soluzione ad una Commissione paritetica da loro nominata»[28].

Nel caso specifico della questione della chiusura delle chiese, non è stato necessario fare appello a questo articolo poiché il contenzioso non è mai stato posto in essere, in quanto nessuna delle due parti in causa ha sollevato difficoltà di interpretazione o di applicazione delle norme; si sottolinea poi che, per tempistiche e modalità circa la ripresa del culto in forma pubblica, il Ministero dell'Interno italiano e la Segreteria generale della Conferenza Episcopale Italiana hanno avuto nei mesi di lockdown proficue e cordiali interlocuzioni che hanno portato a una ripresa delle Celebrazioni in presenza dal 18 maggio 2020[29].

A scanso poi di ulteriori polemiche, è utile sottolineare alcune dichiarazioni che sono espressione da ambo le parti di una volontà di piena, leale e reciproca collaborazione per l'interesse comune. Il presidente della Corte costituzionale Marta Cartabia, a margine di alcune dichiarazioni sullo stato di emergenza, ha dichiarato che

> «la Costituzione, infatti, non contempla un diritto speciale per i tempi eccezionali, e ciò per una scelta consapevole, ma offre la bussola anche per navigare per l'alto mare aperto nei tempi di crisi, a cominciare proprio dalla leale collaborazione fra le istituzioni, che è la proiezione istituzionale della solidarietà tra cittadini»[30].

Gli hanno fatto eco, riguardo al rapporto di leale e reciproca collaborazione tra le Istituzioni, le parole di Papa Francesco, che durante il lockdown più volte ha ribadito un assoluto rispetto delle norme governative, emanate per la tutela e la salute di tutti.

---

[27] Cfr. GIOVANNI CIMBALO, Il papa e la sfida della pandemia, p.2.

[28] PATTI LATERANENSI, *Concordato*, art.14.

[29] Cfr. DOMENICO AGASSO, Coronavirus Fase 2, accordo tra governo e Cei: dal 18 maggio si può celebrare messa con i fedeli, *La Stampa*, 7-05-2020, in https://www.lastampa.it/cronaca/2020/05 /07/news/coronavirus-fase-2-accordo-tra-governo-e-cei-dal-18-maggio-si-puo-celebrare-messa-1.38815203.

[30] LORICA MARTURANO, *In me(DIO) stat Vir(t)us*, in https://www.diritto.it/in-medio-stat-virtus/.

Tra le tante esortazioni ne ricordiamo una:

> «In questo tempo nel quale si incomincia ad avere disposizioni per uscire dalla quarantena, preghiamo il Signore perché dia al suo popolo, a tutti noi, la grazia della prudenza e dell'obbedienza alle disposizioni perché la pandemia non torni»[31].

Sia le parole del Papa, che la linea adottata dalla Chiesa Italiana ci spingono ad una serie di riflessioni. La Chiesa non ha rinunciato alla sua autonomia, né tantomeno si è asservita al potere della giurisdizione italiana, bensì ha affrontato la prima parte della pandemia con un atteggiamento di sapiente prudenza: ha guardato al dato scientifico relativo all'origine e agli effetti della pandemia, ha sofferto come comunità ecclesiale riunita nella celebrazione dei santi misteri e della Pasqua, centro dell'esperienza cristiana, ha pazientemente atteso l'evolversi della situazione per poter riammettere con un meticoloso e sicuro protocollo i propri fedeli ai riti comunitari.

Tutto ciò con un unico scopo, che va ben oltre ogni demagogia o sterile polemica: tutelare la salute della collettività e la vita dei fedeli, valori che non possono essere né negoziabili né svenduti per nessuna ragione[32].

3.2 Una ritualità mutata, ma non sparita

Di fronte a questa situazione nuova, inedita e che ha trasmesso a tutti un senso di vuoto e di disorientamento, è opportuno analizzare i profondi cambiamenti che in modo repentino hanno segnato la prassi liturgica; la pandemia non ha fermato l'agire di fede, ma attraverso alcuni segni, alcune privazioni e alcune novità, ha modificato il culto sul piano individuale e comunitario.

La psicologia e l'antropologia ci insegnano che di fronte a una situazione di crisi, l'uomo cerca un appiglio e un conforto psicologico in alcuni riti, ovvero in eventi abitudinari che scandiscono una quotidianità ferita e profondamente mutata da eventi più o meno catastrofici; basti pensare a come in ogni evento catastrofico sia stato caratterizzato da qualche rito, religioso o laico, dall'esposizione di qualche simbolo religioso e no, da qualche processione, corteo o pellegrinaggio. Tutte queste forme rituali nei tempi di crisi si diffondono coinvolgendo con sentimenti di speranza e di ottimismo molte persone.

Ma se la storia ci insegna che in ogni momento di crisi l'uomo si appella ad una manifestazione sacra, qual è il significato antropologico della loro diffusione?

L'antropologo Giovanni Gugg prova ad affrontare la questione:

---

[31] FRANCESCO, *S. Messa*, 26-04-2021, in https://www.repubblica.it/vaticano/2020/04/28/news/il_papa_obbediamo_alle_regole_per_non_far_tornare_la_pandemia_-255069974/.

[32] Cfr. FABIO RUGGERO (a cura di), *A Diogneto*, Edizioni Città Nuova, Roma 2020.

«Quella del rito in emergenza è una categoria interpretativa piuttosto ampia, perché vi rientrano gli omaggi istituzionali e le cerimonie liturgiche, ma volendo anche certe dinamiche intorno alla costituzione di comitati di disastrati e talune interviste rilasciate ai mass media. Tutto ciò partecipa al mantenimento di una coerenza sociale che il disastro perturba insieme al territorio. Si tratta di pratiche ben documentate nei disastri geologici o riguardanti l'ecosistema naturale ma che avvengono anche in caso di crisi sanitaria [...].
I riti emersi durante la pandemia forniscono un significato e rendono memorabili determinate esperienze, ossia sono una risposta all'ansia e uno strumento di resilienza che, come abbiamo visto, permettono una connessione tra le persone»[33].

Sotto l'aspetto religioso, al di là delle tante manifestazioni di fede popolari alle quali abbiamo assistito in questi mesi, la Chiesa con intelligenza ha saputo inviare messaggi maturi e consapevoli.

Papa Francesco, facendosi interprete della sensazione di sgomento generale di fronte al dilagare della pandemia, ha sottolineato il senso di vuoto, la solitudine e l'impotenza di fronte alla quale si è trovata l'intera umanità nell'affrontare il timore della malattia e della morte, arrivata a sconvolgere la quotidianità di tutte[34]. I momenti di preghiera svolti nel silenzio di una piazza San Pietro deserta, la visita al Crocifisso di San Marcello al Corso, le Udienze e le Catechesi in solitaria nel Palazzo apostolico, le Messe a Santa Marta, il Triduo Pasquale celebrato nella basilica di San Pietro insolitamente vuota: questi eventi hanno espresso scenicamente, in modo quasi paradossale, l'obiettivo del rito, ossia la partecipazione, la condivisione, unità spirituale.

Come non citare le sue parole, che hanno avuto un eco mediatico impressionante ma che hanno dato speranza, forza e incoraggiamento a tante persone – cattoliche e non – nel punto più critico del periodo di lockdown:

«La tempesta smaschera la nostra vulnerabilità e lascia scoperte quelle false e superflue sicurezze con cui abbiamo costruito le nostre agende, i nostri progetti, le nostre abitudini e priorità. Ci dimostra come abbiamo lasciato addormentato e abbandonato ciò che alimenta, sostiene e dà forza alla nostra vita e alla nostra comunità. La tempesta pone allo scoperto tutti i propositi di "imballare" e dimenticare ciò che ha nutrito l'anima dei nostri popoli; tutti quei tentativi di anestetizzare con abitudini apparentemente "salvatrici", incapaci di fare appello alle nostre radici e di evocare la memoria dei nostri anziani, privandoci così dell'immunità necessaria per far fronte all'avversità [...].
Non siamo autosufficienti, da soli; da soli affondiamo: abbiamo bisogno del Signore come gli antichi naviganti delle stelle. Invitiamo Gesù nelle barche delle nostre vite. Consegniamogli le nostre paure, perché Lui le vinca. Come i discepoli sperimenteremo che, con Lui a bordo, non si fa naufragio. Perché questa è la forza di Dio: volgere al bene tutto quello che ci capita, anche le cose brutte. Egli porta il sereno nelle nostre tempeste, perché con Dio la vita non muore mai.
Il Signore ci interpella e, in mezzo alla nostra tempesta, ci invita a risvegliare e attivare la solidarietà e la speranza capaci di dare solidità, sostegno e significato a queste ore in cui tutto sembra naufragare. Il Signore si risveglia per risvegliare e ravvivare la nostra fede pasquale.

[33] GIOVANNI GUGG, *I riti della pandemia*, in https://istitutoeuroarabo.it/DM/i-riti-della-pandemia/.
[34] Cfr. GIOVANNI CIMBALO, Il papa e la sfida della pandemia, p.5.

Abbiamo un'ancora: nella sua croce siamo stati salvati. Abbiamo un timone: nella sua croce siamo stati riscattati. Abbiamo una speranza: nella sua croce siamo stati risanati e abbracciati affinché niente e nessuno ci separi dal suo amore redentore»[35].

Allo stesso modo i sacerdoti reinventare sono stati chiamati ad un serio discernimento rituale.

Dopo i primi giorni di smarrimento abbiamo assistito a tanti tentativi per non far mancare a nessuno vicinanza, conforto e coraggio: i videomessaggi e le iniziative di preghiera lanciate sui social, le chat su WhatsApp per inviare ogni giorno parole incoraggianti, le ore al telefono per essere vicini ai contagiati, la benedizione dei defunti a causa del Covid-19 tra tante paure, la presenza – mai mancata – dei tanti cappellani ospedalieri nei reparti Covid, le celebrazioni in streaming su Facebook nella solitudine delle chiese vuote. Tutto ciò con un unico desiderio, che nasce proprio dalla chiamata al sacerdozio: l'essere pastori e guide del popolo santo di Dio e non far mancare mai la voce del pastore al gregge.

Abbiamo ammirato i nostri chierici mettersi in gioco nel trovare nuove strategie pastorali per cercare in tutti i modi di rispondere alla chiamata universale: annunciare Cristo; purtroppo, qualcuno di loro ha pagato il proprio zelo con la stessa vita, dando alla Chiesa una forte testimonianza di carità fraterna, di vicinanza, di prossimità.

Non dobbiamo dimenticare però che la prossimità nell'azione pastorale è stata possibile anche grazie all'aiuto dei mass media. Il mondo contemporaneo, così inglobato nei processi di digitalizzazione e di globalizzazione – tanto da azzerare attraverso la tecnologia le distanze tra i continenti – ha permesso l'identificazione tra la solitudine di ognuno e la propria, creando un legame psicologico di partecipazione emotivamente condivisa alla sofferenza del singolo, ai valori e alla fede che rappresenta.

Il rito è passato così dall'essere evento comunitario in atto, all'essere un momento individuale a distanza, nel quale la spiritualità personale e la preghiera hanno colmato quel vuoto creato dall'assenza di quell'esperienza di incontro con il Signore risorto.

3.3 Lo stallo pastorale

Se da un punto di vista della prassi si sono messe in atto modalità diverse di vivere la partecipazione comunitaria alle celebrazioni, sotto il profilo pastorale si è registrato uno stop che è perdurato anche dopo i mesi di lockdown duro imposto dalle autorità governative.

---

[35] FRANCESCO, *Momento straordinario di preghiera in tempo di pandemia*, 27-03-2020, in http://www.vatican.va/content/francesco/it/homilies/2020/documents/papa-francesco_20200327_omelia-epidemia.html.

Con la chiusura delle scuole e la sospensione degli eventi aggregativi le nostre parrocchie hanno vissuto, prima ancora della sospensione delle Celebrazioni, situazioni di repentino svuotamento, di terrore del contagio, di fuga verso le proprie mura domestiche. Già nel mese di febbraio del 2020, quando ancora pandemia sembrava lontana dalla nostra quotidianità, le attività pastorali hanno subito un forte rallentamento, causato sia dalla paura delle persone a voler evitare qualsiasi tipo di contatto e una eventuale trasmissione di un virus sconosciuto, sia dalla prudenza dei parroci che hanno cercato di portare all'essenziale l'attività in presenza delle parrocchie.

Poco prima del lockdown di marzo, abbiamo assistito a una situazione che merita, a mio giudizio qualche considerazione.

San Giovanni Paolo II, riguardo all'impegno dei laici nella vita ecclesiale, sottolineava come la parrocchia è «la Chiesa stessa che vive in mezzo alle case dei suoi figli e delle sue figlie»[36]: essa è un luogo fondamentale nella vita del cristiano poiché nella parrocchia la comunione ecclesiale universale trova lì la sua espressione più immediata e visibile; nella parrocchia la varietà dei doni e dei carismi, delle condizioni di vita, dei ministeri, si incontrano e danno luogo ad uno scambio umano, spirituale e sociale che dona agli uomini la forza di poter sperimentare la bellezza della presenza di Dio in mezzo alle relazioni umane.

Da sempre, la parrocchia è luogo della relazione, nonché il nucleo fondamentale nella vita quotidiana del singolo e della comunità; è figura di una Chiesa che accoglie ed accompagna, che è capace di creare solidarietà tra le famiglie e tra le persone che la frequentano; è segno dell'edificazione della Chiesa terrena, in quanto attraverso la Parola, l'Eucaristia, la catechesi, la carità, rende l'uomo missionario e pronto ad annunciare il Vangelo nella quotidianità della sua esistenza[37]. È una realtà che vive di corresponsabilità in quanto, seppur nella diversità dei ministeri, tutti sono chiamati all'annuncio e vivono con serietà i momenti liturgici, catechetici, caritativi, di svago: la parrocchia è il luogo del multiforme scambio, dove ciò che è umanamente diverso può diventare simile perché accomunato da una fede profonda che ci fa guardare all'altro come una ricchezza, come un'opportunità che il Signore mette sulle nostre strade.

Da questi piccoli spunti comprendiamo che la parrocchia è il luogo della triplice *relazione*: con Dio, con noi stessi, con gli altri; una relazione che Covid-19 ha profondamente mutato. Se le prime due tipologie relazionali hanno subito un mutamento profondo, ma senza sparire poiché

---

[36] GIOVANNI PAOLO II, *Esortazione apostolica Christifideles Laici sulla vocazione e missione dei laici sulla chiesa nel mondo*, 30-12-1988, in *Acta Apostolicae Sedis* (da ora: *AAS*) 81 (1989), pp.393-521.

[37] Cfr. RENATO CORTI, *La Parrocchia, Chiesa che vive tra le case degli uomini. Relazione all'assemblea straordinaria dei vescovi italiani*, 18-11-2003, in https://www.notedipastoralegiovanile.it/index.php?option=com_content&view=article&id=6362:la-parrocchia-chiesa-che-vive-tra-le-case-degli-uomini&ca tid=353&Itemid=1013.

insite nella nostra identità, la terza, ossia la relazione con gli altri ha avuto una battuta d'arresto abbastanza brusca: ritrovarsi da un giorno all'altro chiusi in casa, senza possibilità di vivere relazioni sociali proficue per il nostro benessere psico-sociale, oltre che per la nostra fede, ha contribuito ad allontanare molti (in alcuni casi in maniera definitiva) dalle attività, dai gruppi e dai movimenti parrocchiali, favorendo invece una sorta di paura dell'altro in quanto possibile veicolo del virus, strumento di sofferenza. La conseguenza immediata è proprio quella che si è potuta vedere al primo allentamento delle misure restrittive: paura di ritornare ad abitare e a far vivere le nostre parrocchie, paura di incontrare chi è fuori dalla sicurezza delle nostre mura domestiche, paura di ricominciare ad intessere relazioni avendo davanti un volto vero, e non uno schermo.

Questa situazione di timore e di incertezza si ripercuote ancora oggi nelle nostre realtà parrocchiali e a mio giudizio non è sbagliato parlare di stallo pastorale. In molte delle nostre parrocchie – nell'alternarsi tra chiusure, riaperture, aumento e calo dei contagi – si stanno provando vari tentativi per poter operare una ripartenza pastorale; assistiamo, ad esempio, ad una lenta ripresa degli incontri formativi dei gruppi e delle associazioni, delle corali, dei movimenti laicali e dei momenti di preghiera in presenza. Con tante difficoltà, defezioni, cambiamenti, ma con il desiderio di riprendere la normalità della vita.

Un discorso a parte merita l'ambito catechetico.

Si sa, la formazione alla vita di fede è un ambito prioritario nella vita della parrocchia, ma ci rendiamo conto come a volte nella prassi sia l'ambito sul quale si preferisce investire meno energia, impegno e tempo.

In parallelo al mondo scolastico abbiamo osservato la sospensione del catechismo ai bambini, come segno di prudenza e di obbedienza alle disposizioni governative. Con l'allentamento delle misure però si è potuto notare nelle tante realtà parrocchiali dei nostri territori una sorta di timore nella ripresa delle attività con i più piccoli e l'adozione di nuove forme per svolgere la catechesi: è il caso degli incontri a distanza – sulla scorta della didattica digitale della scuola – nella maggioranza dei casi ancora oggi ridotta solo per la catechesi prossima di preparazione ai sacramenti (Riconciliazione ed Eucaristia nello specifico).

I presbiteri e i catechisti, fin dall'inizio della crisi, si sono attivati affinché i piccoli non rimanessero senza la formazione ai sacramenti e nelle parrocchie delle nostre città abbiamo visto susseguirsi numerose iniziative di video lezioni, video messaggi e materiale inviato ai bambini per cercare di non far spezzare quel filo – seppur già assottigliato – che li teneva legati alla parrocchia e alla conoscenza di Gesù; molti sono gli esempi di vicinanza e di prossimità pastorale di cui siamo stati testimoni nei mesi dell'emergenza e i tentativi di una ripresa della normalità catechetica in questi ultimi tempi.

Per i più grandi, invece, si naviga ancora a vista e soprattutto in base alle esigenze pastorali: per il sacramento della cresima molti vescovi hanno applicato uno stop prolungato data l'impossibilità di svolgere adeguatamente percorsi di preparazione o hanno esteso ai parroci, dopo attento giudizio dei candidati, la possibilità di amministrarla nelle parrocchie in caso di urgenze; riguardo ai corsi in preparazione al sacramento del matrimonio nella maggior parte dei casi si è scelta la ripresa in presenza (nei mesi estivi, con il buon auspicio del calo dei contagi) per dare l'opportunità alle coppie di interrogarsi in maniera seria sull'importanza di questo sacramento e per far prendere loro consapevolezza del grande mistero che si apprestano a vivere.

Le linee guida dell'Ufficio Catechistico Nazionale della Conferenza Episcopale Italiana[38] pubblicate nel settembre 2020 dal titolo *Ripartiamo Insieme*, se da un lato offrono numerosi spunti per la ripartenza della formazione dopo questo tempo di pandemia, dall'altro purtroppo non accennano a nessuna proposta immediata per vivere concretamente una ripartenza.

In ultima analisi, dopo più di un anno di pandemia la pastorale delle nostre comunità sembra sostanzialmente ferma, ridotta e relegata solo al contesto liturgico-celebrativo essenziale; ci siamo fatti forti di una ripresa delle celebrazioni in quando ci nascondiamo dietro la sicurezza di norme e protocolli da rispettare, ma come cristiani non riusciamo a superare ancora la paura di un incontro fuori da schemi e regole che sembrano proteggerci. Di conseguenza, la pastorale ordinaria che si osserva nelle nostre comunità e nei luoghi di culto risulta ancora troppo scarna di vere proposte per poter riprendere quella vitalità che da sempre ha caratterizzato le nostre parrocchie.

---

[38] Cfr. UFFICIO CATECHISTICO NAZIONALE DELLA CONFERENZA EPISCOPALE ITALIANA, *Ripartiamo Insieme. Linee guida per la catechesi in Italia in tempo di covid*, 4-09-2021, in https://catechistico.chiesacattolica.it/wp-content/uploads/sites/11/2020/09/08/1-Linee-Guida-Ripartiamo-insieme.pdf.

CAPITOLO III

STRATEGIE EDUCATIVE E PASTORALI: PROPOSTE DI RIPARTENZA

Educare alla vita e educare alla fede: due aspetti apparentemente accomunati da un solo verbo ma che in realtà nascondono tante analogie.

Il verbo educare deriva dalla locuzione latina *ex ducere*, ossia tirare fuori, far venire alla luce qualcosa che è nascosto; l'educazione, quindi, presume non solo un apprendimento passivo da parte del discepolo che ascolta il maestro, bensì l'educazione è un processo che coinvolge l'educante e l'educato in un evento dinamico: l'atteggiamento del maestro sta sia nel comunicare, dare nozioni, istruire, sia nell'ascoltare il discepolo per poter capire cosa tirar fuori da lui. L'educazione è un processo dinamico, è una relazione, una strada da fare insieme.

Ma cosa hanno in comune la vita e la fede?

Molto spesso gli uomini negano, per una sorta di indipendenza funzionale, quell'anelito che ci fa tendere a qualcosa di soprannaturale, che ci fa credere e sperare in Qualcuno che accompagna la nostra esistenza, che ci ha donato la vita e che regola tutto l'universo. È il senso religioso insito nel cuore dell'uomo, che nel corso della storia ha rappresentato attraverso forme, nomi e concezioni disparate e che noi identifichiamo, grazie alla rivelazione di Gesù Cristo, nel Dio cristiano, Uno e Trino.

Si comprende quindi che la fede ossia la fiducia nell'esistenza di Dio (o di altre divinità) ci interpella e ricade nel vissuto delle nostre esistenze; in qualsiasi religione l'uomo creda, è sempre educato dal contesto culturale dove nasce o dove cresce, a norme di vita che favoriscono la pacifica convivenza e la socialità tra gli individui.

Molto spesso norme e valori per vivere nel mondo corrispondono agli insegnamenti contenuti nelle dottrine religiose: basti pensare, ad esempio all'amore e al rispetto dell'altro[1], norma etica presente in tutte le religioni e in quasi tutti i contesti culturali della società mondiale che è alla base della convivenza tra gli uomini.

[1] Mi riferisco alla Regola d'Oro, che le principali religioni contengono nella loro dottrina. Il cristianesimo esprime questa regola nelle parole proferite da Cristo nel comandamento dell'amore: «Ama il Signore Dio tuo con tutto il cuore, con tutta l'anima e con tutta la tua mente. Questo è il più grande e il primo dei comandamenti. E il secondo è simile al primo: Ama il prossimo tuo come te stesso. Da questi due comandamenti dipende tutta la Legge e i Profeti» [*Mt* 22,37-40]. Declinata nelle sue multiformi espressioni, essa rappresenta uno dei principali punti d'incontro nel complesso processo del dialogo interreligioso.

Da ciò comprendiamo che educare alla fede significa educare alla vita, cioè avere una base di valori certi (l'amore, il rispetto, l'amicizia, la tolleranza, il dialogo, la comprensione, la solidarietà) che fatti conoscere e trasmessi alle nuove generazioni, creano le basi per una società e un mondo dove non prevale l'egoismo del singolo, ma il bene di tutti.

La religione Cattolica da sempre ha contribuito a trasmettere e educare i cittadini del mondo, e nello specifico i popoli del continente Europeo. La spinta del superamento dei confini delle nazioni, il principio dell'unità nella diversità, la possibilità di convivenza del diverso, la tolleranza e il rispetto delle culture[2]: tutti questi elementi che caratterizzano le radici cristiane dell'Europa vanno riscoperti e riportati nel nostro vissuto, nella nostra quotidianità.

Alla luce di quanto detto, questo capitolo prova a far sintesi tra il saper coniugare l'educazione alla vita, ambito proprio dell'Istruzione statale, con l'educazione alla fede, caratteristica peculiare della Chiesa, allo scopo di indicare possibili soluzioni per una ripartenza educativa e pastorale nel post pandemia.

§1. L'esperienza nell'Istituto Comprensivo di Medicina (BO)

L'esperienza e le osservazioni descritte di seguito sono frutto di eventi, riflessioni e studi maturati nella scuola della quale con orgoglio e responsabilità faccio parte. Le osservazioni che fanno parte di queste pagine sono state fatte attraverso l'osservazione di un campione di circa 250 alunni e collaborando con un corpo docente di circa 60 persone.

Dopo il conseguimento del Baccellierato in Sacra Teologia presso il Seminario Metropolitano "Giovanni Paolo II" di Salerno nel 2019, ho deciso di intraprendere la strada dell'insegnamento della Religione Cattolica nelle scuole, per poter dare una testimonianza di fede e soprattutto con il vivo desiderio di educare alla fede i bambini e i ragazzi che il Signore pone sulla mia strada.

Dal 12 settembre 2020 mi sono ritrovato a servizio dell'Ufficio Scuola dell'Arcidiocesi di Bologna come insegnante supplente. Lasciando la mia terra di origine per questa nuova esperienza, ho inevitabilmente mutato la mia quotidianità, le mie abitudini, la mia vita. Con curiosità ed entusiasmo ho preso servizio nell'Istituto Comprensivo di una cittadina a una trentina di minuti dal centro di Bologna, dal nome che non mi giungeva nuovo: Medicina.

[2] Cfr. TOMMASO EPIDENDIO, Per la riscoperta delle radici cristiane dell'Europa, in *L-Jus*, 3 (2020) n.1, pp.6-18.

Medicina è un comune di circa 16.000 abitanti appartenente all'Area Metropolitana di Bologna, situato ad est del territorio felsineo presso i confini con la Romagna e il Ferrarese, sulla strada statale San Vitale, l'antica via Salaria che collega Bologna con Ravenna.

Due sono le ipotesi riguardanti l'etimologia del nome di questa città: la prima da medesano dal latino *medianum*, cioè la terra di mezzo tra zone paludose, ossia medesanina; la seconda da *medicina*, ossia luogo dove secondo una leggenda Federico Barbarossa trovò cura da una misteriosa malattia.

Dalle origini preromane al periodo medievale, passando per i personaggi illustri che hanno segnato la storia di questi luoghi (da Matilde di Canossa al Barbarossa, Dante Alighieri, Pier da Medicina, per citarne solo alcuni), Medicina è conosciuta per la presenza di una stazione radioastronomica a croce del nord molto importante e per la coltivazione della cipolla dorata, prodotto tipico del territorio. Sono molti gli edifici religiosi e civili presenti sul territorio medicinese, testimonianza di una storia viva fatta di volti ed eventi rilevanti[3].

1.1 Medicina, terra ferita dal Covid-19

Proprio questa terra è balzata agli onori delle cronache e degli organi di informazione per essere stata, all'inizio della pandemia, uno dei centri più colpiti dal Covid-19 in rapporto ai contagi e ai decessi sul numero di abitanti e interessato sin da subito da misure restrittive che hanno limitato al massimo la libertà personale dei medicinesi.

Durante l'ultima settimana di febbraio 2020, in concomitanza con la diffusione del Sars-COV2 in alcune province del centro-nord dell'Italia e l'emanazione dei primi provvedimenti di zone rosse localizzate, in una bocciofila di Medicina alcuni soci, come loro solito si erano recati come loro solito a Parma per comprare del vino utilizzato nelle serate di aggregazione sociale. Ignari del pericolo, al loro ritorno hanno continuato tranquillamente a vivere la propria quotidianità, frequentando il locale, giocando a carte, incontrando figli e nipoti. Tutto questo fin quando, agli inizi di marzo alcuni anziani cominciamo a mostrare sintomi riconducibili al Covid-19[4].

---

[3] Per un approfondimento storico-culturale sulla città di Medicina: Cfr. Pasquale Orlandi, *Memorie storiche della terra di Medicina*, Edizioni Atesa, Bologna 1991; Giuseppe Simoni, *Cronistoria del Comune di Medicina*, Edizioni Atesa, Bologna 1991.

[4] Gli avvenimenti riportati riguardo all'origine del focolaio e alle misure straordinarie di contenimento del virus sono il resoconto delle testimonianze dettagliate raccolte durante le conversazioni avute con i colleghi residenti a Medicina che hanno vissuto in prima persona quei terribili mesi. Ripercorrendo quei mesi, che ora sono solo un brutto ricordo, dai loro occhi traspaiono ancora la paura e l'angoscia di quei giorni bui, dove molti di essi hanno perso un loro caro, o semplicemente un conoscente.

In brevissimo tempo il numero dei positivi al Covid-19 cresce in modo esponenziale, il contagio si propaga soprattutto tra gli anziani che avevano frequentato le due bocciofile del paese e nelle loro famiglie fino ad arrivare a numeri preoccupanti. Tra Medicina e la frazione di Ganzanigo al 14 marzo 2020 – mentre tutta l'Italia veniva interessata dal lockdown generalizzato –, si contavano 54 casi accertati di positività, 8 decessi, 22 ricoveri ospedalieri dei quali 5 in condizioni critiche, 24 casi di isolamento fiduciario domiciliare conviventi con casi positivi e 102 soggetti in isolamento a seguito di contatti stretti con casi positivi[5].

Per evitare un cluster di contagio espanso, il Presidente della Regione Emilia-Romagna in sinergia con l'amministrazione comunale di Medicina ha deciso di imporre ulteriori restrizioni e di fatto le frazioni di Medicina e Ganzanigo sono diventate una zona rossa rafforzata dal 16 marzo al 3 aprile[6].

Dalla mezzanotte del 16 marzo uomini delle forze armate hanno istituito 10 checkpoint per cinturare l'area considerata ad elevato rischio di contagio e vietando a chiunque l'ingresso o l'uscita dal paese, se non per pochissime eccezioni. Allo stesso tempo sono state attuate misure straordinarie anche all'interno della zona rossa: chiusura di tutti gli uffici pubblici e privati, dei luoghi di culto e aggregazione, delle scuole, dei negozi ad eccezione di alimentari e farmacie, sospensione dei cantieri di lavoro, soppressione di tutte le fermate dei mezzi pubblici, chiusura di parchi pubblici, aree sportive e servizi igienici pubblici. La popolazione, specialmente coloro che risultavano in isolamento domiciliare, è stata assistita dalle forze dell'ordine e dalla Protezione Civile.

Di fatto, in queste settimane, i cittadini medicinesi sono stati messi a dura prova, in quanto il controllo capillare del territorio da parte degli organi di polizia preposti evitava qualsiasi spostamento non giustificato – all'interno e all'esterno – anche solo a piedi: ogni persona presente in strada veniva fermata e sottoposta a controllo per giustificare l'urgenza dello spostamento.

Una dura prova che i medicinesi, feriti dall'enorme conto pagato in termini di vite tra gli anziani e i più fragili, ha saputo affrontare con senso di responsabilità, con dedizione e resilienza, provando subito a lasciare alle spalle questa pagina importante di storia, che ha segnato per sempre la quotidianità di questo paese.

---

[5] Cfr. VALERIO BARONCINI, Coronavirus, la Regione non aspetta. Medicina è zona rossa, *Il Resto del Carlino*, 16-03-2020, in https://www.ilrestodelcarlino.it/bologna/cronaca/medicina-zona-rossa-1.5071062.

[6] Cfr. REGIONE EMILIA-ROMAGNA, *Decreto* n.36, 15-03-2020, in https://www.regione.emilia-romagna.it/notizie/2020/marzo/coronavirus-chiuso-il-comune-di-medicina/ordinanza-15-marzo-2020-decreto36_2020 https://www.regione.emilia-romagna.it/notizie/2020/marzo/coronavirus-chiuso-il-comune-dimedicina/ordinanza-15-marzo-2020-decreto-36_2020.pdf.pdf.

L'impegno e il sacrificio di Medicina sono stati riconosciuti in tutta Italia tanto da ricevere il premio *Bolognesi dell'anno 2020*[7].

1.2 L'Istituto Comprensivo e il lockdown

Il contesto appena descritto fa da cornice alla chiusura delle scuole, che, seppur avvenuta due settimane prima del lockdown nazionale, ha portato ulteriore preoccupazione e smarrimento nei bambini di Medicina, già segnati dalla paura della malattia o della scomparsa di tanti loro cari.

L'Istituto Comprensivo di Medicina, nel centro del cluster epidemico, cercando di dare risposte efficaci alle direttive governative che chiedevano ai Dirigenti Scolastici di proseguire la didattica attraverso forme a distanza, riorganizza in modo repentino il proprio modo di essere e fare scuola: ci si ritrova da un giorno all'altro a passare dalle modalità di insegnamento "classiche" (lezione frontale, confronto in classe, attività pratica, lavoro in gruppi, verifica orale o scritta degli apprendimenti) a nuovi modi di educare, tenendo conto di un aspetto mai sperimentato prima: la distanza.

Dalle circolari e dalle comunicazioni di quei giorni si può comprendere la gravità di un momento storico senza precedenti, ma al tempo stesso il desiderio dell'Istituzione Scolastica di non voler lasciare nessuno indietro, né tantomeno nessuno abbandonato a sé stesso. Il Dirigente Scolastico, la dott.ssa Loredana Bilardi, sensibile ai bisogni della comunità scolastica, ha provato in quei giorni a farsi interprete dei sentimenti di tutto il corpo docente e ha così scritto ai piccoli alunni medicinesi:

> «Cerchiamo di restare insieme pensando che la scuola non è soltanto un grande edificio ma è una comunità che ogni giorno si incontra e costruisce, oltre alle competenze che vi servono per crescere e diventare adulti, anche tanti legami, con il sorriso e con il broncio, con le esortazioni e l'incoraggiamento, a volte anche con i rimproveri. Le lezioni sono sospese ma la scuola non è chiusa [...].
> Cosa dire: la scuola non è un edificio...la scuola siete VOI, le vostre grida gioiose, i vostri passi, le vostre risate, i vostri sorrisi. Voi con i vostri insegnanti»[8].

Oltre alle parole di conforto e speranza del Dirigente che, non a caso, richiamano a una dimensione educativa fatta di relazioni e di crescita reciproca attraverso l'insegnamento, l'apprendimento, il supporto, il confronto, la circolare fornisce anche le prime indicazioni operative per la prosecuzione della didattica nella modalità a distanza, un modo di insegnare

---

[7] Cfr. GABRIELE TASSI, Covid: Medicina da zona rossa a comunità dell'anno, *Il Resto del Carlino*, 31-12-2020, in https://www.ilrestodelcarlino.it/bologna/cronaca/medicina-comunita-dell-anno-1.5864609.

[8] ISTITUTO COMPRENSIVO STATALE DI MEDICINA, *Circolare*, 3-03-2020, in https://icmedicina.edu.it/.

sicuramente fascinoso e interessante, ma non improvvisabile, entrato nella vita delle comunità scolastiche in modo assolutamente improvviso e nel quale dirigenti, insegnanti e studenti si son dovuti avventurare.

Nel primo periodo di chiusura, l'Istituto di Medicina ha scelto di affidarsi principalmente al Registro Elettronico come strumento di comunicazione con gli alunni per lo svolgimento delle lezioni in modalità asincrona: l'utilizzo del registro prevedeva l'invio da parte dei docenti di materiale utile al recupero, all'accompagnamento e al potenziamento degli argomenti trattati in presenza.

Con il prolungarsi dell'emergenza si è reso necessario trovare uno strumento più ampio per poter comunicare con le classi virtuali e per poter incontrare gli alunni a distanza. L'Animatore Digitale (da ora: *AD*)[9] in sinergia con i singoli consigli di classe ha deciso di estendere a tutti l'utilizzo della piattaforma Classroom di Google, fino a quel momento utilizzata solo dalle classi quarte e quinte della scuola primaria e dagli alunni della secondaria di primo grado; attraverso le funzionalità che spiegherò in seguito – tra le quali la possibilità di svolgere video lezioni in modalità sincrona, oltre che all'invio di materiale –, Classroom si è rivelato lo strumento privilegiato per il prosieguo della didattica nella modalità a distanza.

Ogni consiglio di classe ha dovuto concordare le modalità di trasmissione del materiale agli studenti, ha dovuto riorganizzare le proprie metodologie per un apprendimento efficace nella modalità a distanza. Nello specifico, ogni Team di insegnanti ha dovuto adeguare le proprie strategie di insegnamento in relazione alla situazione socio-ambientale della propria classe: si è cercato quindi di creare un compromesso tra il rispetto degli obiettivi di apprendimento curricolari e i contenuti da proporre ai bambini, in una modalità totalmente inedita; di conseguenza anche i criteri di valutazione hanno dovuto tener conto dei contenuti proposti, delle metodologie utilizzate degli obiettivi raggiunti e soprattutto del contesto sociale atipico nel quale gli alunni erano chiamati a formarsi: non è stato semplice per i bambini vivere la scuola tra le mura delle loro

[9] L'*AD* è una figura introdotta nel sistema scolastico dal Piano Nazionale Scuola Digitale del 2015 ed è un docente individuato dall'Istituzione scolastica. L'*AD* è un docente di ruolo individuato dall'Istituzione scolastica che affianca il Dirigente Scolastico e il Direttore dei Servizi generali e amministrativi nella progettazione e realizzazione dei progetti di innovazione digitale contenuti nel Piano Nazionale Scuola Digitale. I compiti principali dell'*AD* sono: stimolare la formazione interna alla scuola in ambito digitale attraverso l'organizzazione di orsi di formazione; coinvolgere la comunità scolastica nell'organizzazione di attività e momenti formativi aperti alle famiglie e ad altri enti del territorio, allo scopo di realizzare una cultura digitale condivisa; individuare soluzioni metodologiche e tecnologiche sostenibili da applicare all'interno degli ambienti della scuola per venire incontro ai fabbisogni della stessa. Con l'arrivo della *DDI* il ruolo dell'*AD* è divenuto fondamentale in ogni esperienza scolastica: gli *AD* hanno dovuto coordinare e gestire le piattaforme digitali e i social learning per poter assicurare la continuità della didattica nei mesi di pandemia. Cfr. MINISTERO DELL'ISTRUZIONE, DELL'UNIVERSITÀ E DELLA RICERCA, *Piano Nazionale Scuola Digitale*, 27-10-2015, in https://www.miur.gov.it/documents/20182/50615/Piano+nazionale+scuola+digitale.pdf/5b1a7e34-b678-40c5-8d26-e7b646708d70?version=1.1&t=149617012 5686.

case, dove lezioni e insegnanti normalmente sono lasciati fuori; non è stato semplice per le famiglie – nel caos di preoccupazioni per la salute e le difficoltà economiche – fare da insegnanti, oltre che da genitori; non è stato semplice per gli insegnanti entrare nell'intimità delle case, riadattare i propri stili e i propri metodi per formare alla vita e alla società dei propri allievi.

Altra questione che la scuola si è trovata ad affrontare è stata quella della mancanza di dispositivi tecnologici per la didattica a distanza. Purtroppo, non tutte le famiglie avevano gli strumenti tecnologici (computer, tablet, connessione internet) per far affrontare la didattica da casa ai propri figli: così fin da subito l'Istituto Comprensivo si è attivato per acquistare tablet e pc da fornire a chi ne fosse sprovvisto. Un gesto immediato, spontaneo e necessario per far sì che affinché, anche in questa situazione di emergenza nessun bambino sia stato escluso dallo svolgimento delle attività scolastiche.

In definitiva, per la comunità scolastica di Medicina, come per tutte le scuole del nostro Paese, i mesi di febbraio-giugno 2020 sono stati un grande banco di prova nel quale dal contesto emergenziale sono emerse creatività, innovazione e resilienza.

1.3 La ripartenza dell'anno scolastico 2020/2021

Fin dalla fine dell'anno scolastico terminato a distanza, si è sentita la necessità di organizzare un ritorno in classe in sicurezza e in serenità. Nel corso dell'estate i numerosi interventi normativi hanno definito i protocolli per il rientro a scuola con alcune norme che sono ormai diventate parte della nostra quotidianità: dall'utilizzo dei dispositivi di protezione individuale (mascherina, guanti, visiere, gel igienizzanti), al distanziamento fisico degli alunni in aula, agli ingressi scaglionati, alle "bolle" che non possono interagire tra di loro, all'aula Covid, alle quarantene e agli isolamenti fiduciari. Tante nuove regole che non hanno però smorzato il desiderio dei bambini di poter ritornare in classe e la voglia degli insegnanti che, seppur con tante difficoltà, si sono ancora una volta rimessi in gioco.

In questo contesto di novità e di ripartenza mi trovo a vivere il mio primo incarico di insegnamento di Religione Cattolica, svolgendo il mio orario di servizio sui due plessi della primaria "E. Biagi" di Villa Fontana e "G. Zanardi" del capoluogo medicinese. Mi preme sottolineare che sin da subito ho potuto sperimentare l'estrema competenza di tutto il corpo docente, unito all'umanità che contraddistingue i team di classe con i quali porto avanti il compito bello e importante dell'educazione: sebbene alle prime armi, sin da subito mi sono sentito accolto, supportato e incoraggiato; ho trovato sempre colleghe e colleghi pronti al dialogo, all'ascolto, al confronto schietto e aperti alla crescita come singoli e come comunità educante; sperimentando la sinergia e la condivisione di tutte le mie attività mi sono convinto ancor di più che l'educazione è il risultato di un lavoro di gruppo e non solo della capacità del singolo insegnante.

1.3.1 Il ritorno in presenza

L'occasione di uno stop così prolungato nella didattica in presenza ha reso necessarie una serie di riflessioni per la ripartenza che non possono essere avulse dal contesto sociale attuale.

Ripartire con i criteri antecedenti al lockdown, facendo quasi finta che questi mesi siano passati e non abbiano lasciato dei segni, è un atteggiamento totalmente sbagliato. Il mondo della scuola si è trovato a fare i conti con carenze sulle competenze di base, con la riorganizzazione della socialità tra gli alunni e gli insegnanti, con traumi psico-emotivi che hanno segnato i piccoli e i grandi e che difficilmente vanno via senza la messa in campo di qualche strategia o intervento atto a superare questo momento di crisi. Insomma, la scuola si trova a ripartire curando le ferite emotive dei bambini, le fragilità degli insegnanti segnati dalla malattia o dalla perdita di persone care, facendosi carico dei bisogni dei piccoli che scaturiscono da situazioni familiari problematiche, recuperando gli apprendimenti mancati durante il lockdown.

La grande sfida dell'insegnamento è proprio questa: adattare i propri criteri, attuare nuove strategie, proporre in modo nuovo i contenuti, verificare gli apprendimenti. Il tutto, avendo presente lo scopo del nostro lavoro che non deve mai venir meno: il benessere e la formazione integrale degli allievi.

Al rientro in classe a settembre ho potuto constatare sentimenti contrastanti da parte dei bambini: se l'entusiasmo in classe con la possibilità di un ritorno all'interazione e alla socializzazione con i compagni era prevalente, dall'altro lato è notata una "fobia" – a volte latente – di poter contrarre il virus, o peggio ancora di poter essere un veicolo per la trasmissione dello stesso nelle famiglie. Ci siamo trovati a gestire situazioni di panico di bambini spaventati anche da uno starnuto, da un dolore o da un semplice mal di testa; questo ci fa comprendere quanto i nostri piccoli siano stati sottoposti ad uno stato di stress talmente forte in questi mesi da farli allarmare per ogni piccolo malessere e far ritornare la loro mente a situazioni di ansia e di angoscia.

Sotto l'aspetto dello svolgimento del programma scolastico, quest'anno abbiamo dovuto viaggiare su due binari paralleli: da un lato si è dovuto operare un recupero o un consolidamento degli argomenti svolti a distanza nella classe precedente che presentavano lacune e incertezze; dall'altro si è dovuto portare avanti il programma didattico della classe corrente. Questa difficoltà nel nostro Istituto è stata affrontata grazie all'organizzazione delle ore di compresenza dei docenti curricolari: nelle ore in cui non c'è lezione frontale, il docente affianca il collega nella propria classe potendosi dedicare al recupero o al potenziamento di chi ne avesse bisogno o mostrasse carenze e difficoltà di apprendimento. Una strategia che ha permesso di recuperare le lacune di alcuni bambini e soprattutto di non lasciarne indietro nemmeno uno.

Dal punto di vista pedagogico, ho potuto sperimentare, grazie anche alla grande esperienza e alle capacità professionali e umane dei miei colleghi, metodologie innovative per l'apprendimento. Il distanziamento sociale imposto per evitare il contagio ha eliminato dal contesto classe qualsiasi attività pratica e di gruppo (come, ad esempio, i laboratori, lo scambio di materiali, il canto, il ballo ed ogni tipo di attività dinamica) ha dato ampio spazio a metodi di insegnamento nei quali l'insegnante ha dovuto utilizzare strumenti nuovi per poter appassionare gli allievi e per poter raggiungere gli obbiettivi di apprendimento prefissati.

Per completezza di trattazione, descrivo alcuni metodi che mi hanno aiutato durante lo svolgimento delle lezioni:

a. *La lezione partecipata.* Questo metodo di lezione prevede un controllo meno rigido su schema e contenuti della lezione da parte dell'insegnante; egli in alcuni momenti della lezione trasferisce autonomia di iniziativa agli studenti, che interagiscono attraverso domande sull'argomento conosciuto, ripasso dei contenuti appresi nella lezione precedente, domande per ricercare le risposte alle provocazioni dell'insegnante. Questo tipo di didattica mette in luce le idee e i concetti diversi dei singoli, che condividono esperienze e punti di vista differenti[10]. Nell'applicazione all'insegnamento della Religione, utilizzo questa metodologia per riprendere gli eventuali discorsi lasciati in sospeso o per fare un ripasso della lezione precedente.

b. Il brain storming. Le mappe mentali sono libere associazioni di parole e termini legate tra loro da un concetto principale; l'organizzazione di queste parole attraverso delle mappe concettuali, ricalcando gli schemi mentali che originano queste associazioni, viene definito come brainstorming. L'utilizzo di questa metodologia è molto efficace in quanto l'insegnante propone una situazione in maniera vaga, ne definisce il contesto e lascia all'allievo libertà di associarne delle idee che vanno considerate tutte in modo uguale, a prescinderne dalla pertinenza. Alla fine della prima fase l'insegnante, a partire da ciò che è venuto fuori dagli alunni, con la loro collaborazione prova a mettere ordine e a crearne una mappa articolata;

[10] Cfr. ANGELO CARANFA, *Strategie didattiche per la scuola innovativa*, Edizioni Independently Publishers, Chicago 2018, pp.7-8.

successivamente la mappa viene analizzata criticamente e spiegata[11]. Utilizzo questa metodologia sia per introdurre le storie dei grandi Patriarchi d'Israele, sia per parlare delle emozioni nell'ambito del curricolo trasversale di Educazione Civica, sia per svolgere qualche approfondimento su temi di attualità con i ragazzi delle classi quinte.

c. *L'utilizzo della LIM.* Tra le strumentazioni multimediali a disposizione nell'Istituto Comprensivo di Medicina si contano ben 65 tra lavagne interattive multimediali e smart Tv comprensive di pc istallate nelle aule e nei laboratori scolastici e a disposizione degli insegnanti[12]. La lavagna interattiva multimediale (da ora: *LIM*) costituisce uno strumento di integrazione con la didattica d'aula, poiché integra all'immediatezza della visualizzazione della lavagna classica l'opportunità di riprodurre contenuti multimediali oltre che di utilizzare una superficie tattile, senza bisogno di strumenti esterni per l'interazione (bastano le dita o una semplice penna touch). Questa tipologia permette, appunto, l'interazione da parte dell'allievo che può usare le proprie abilità per creare interazione con i contenuti che si caricano sulla *LIM.* Nella maggioranza dei casi il sistema *LIM* è composto dalla lavagna tattile, da un pc e da un sistema di riproduzione dell'audio. Nella mia esperienza di insegnamento sin da subito ho trovato la LIM uno strumento fondamentale: abbandonata l'idea classica di una lezione frontale dove l'insegnante spiega e l'alunno si limita ad ascoltare, l'utilizzo di uno strumento interattivo risulta proficuo per evitare il fisiologico calo di attenzione durante una spiegazione e per incentivare i bambini alla partecipazione attiva. Sono numerosi gli utilizzi della *LIM* durante le mie lezioni: dalla creazione di mappe interattive, alla visualizzazione di schede ed approfondimenti, alla proiezione di filmati/documentari/storie (ad esempio, le storie dell'Antico Testamento, le parabole, le origini del Cristianesimo), per fissare gli argomenti studiati dai libri di testo, alle applicazioni che in maniera simpatica offrono tante possibilità di verifica degli apprendimenti.

d. *I laboratori a distanza.* Come ci insegnano le teorie costruttiviste, l'apprendimento è il risultato di un processo di accomodamento e condivisione di nuove conoscenze all'interno degli schemi mentali presenti nel soggetto; i diversi soggetti non

---

[11] Cfr. *Ibid.*, pp.18-19.

[12] Cfr. ISTITUTO COMPRENSIVO STATALE DI MEDICINA, *Piano Triennale dell'Offerta Formativa 2019/20-2021-22*, in https://icmedicina.edu.it/.

apprendono tutti allo stesso modo, ma la conoscenza è un processo pieno di elementi individuali e specifici per ognuno. Per questo, un lavoro di gruppo permette di far emergere differenze interindividuali e di allargare a tutti le competenze richieste, attraverso proprio il sostegno del gruppo. In questo contesto, il cooperative learning svolge un ruolo fondamentale per garantire a tutti l'acquisizione delle stesse competenze, superando le diversità di apprendimento[13].

Nella situazione attuale caratterizzata dall'impossibilità di svolgere un lavoro di gruppo nelle modalità tradizionali, ho trovato molto efficace la metodologia didattica del laboratorio a distanza, del quale porto tre esempi:

il primo è stato un lavoro di gruppo delle classi quinte per il presepe di natale, durante il quale ognuno ha lavorato su alcuni pezzi singoli che alla fine sono stati assemblati insieme per riprodurre la rappresentazione della natività; il secondo ha riguardato le classi quarte che hanno realizzato in maniera individuale le schede di identikit dei principali Patriarchi anticotestamentari, individuandone le caratteristiche e confrontando con i compagni il lavoro svolto; il terzo ha interessato le classi quinte in una presentazione multimediale individuale su Classroom come sintesi alla conoscenza delle cinque grandi religioni, basandosi su una struttura costruita dai ragazzi durante una lezione in classe. Questi piccoli esempi hanno dimostrato che i laboratori di sintesi svolti con metodologie "a distanza" possono portare a un proficuo recupero degli argomenti proposti o a un rafforzamento degli obiettivi già acquisiti.

1.3.2 La Didattica digitale integrata

Purtroppo però l'entusiasmo, le norme di sicurezza rispettate in maniera eccellente da parte dei piccoli – con maggiore senso di responsabilità rispetto agli adulti, aggiungerei – non hanno evitato la risalita dei contagi e nel corso dell'anno più volte si è dovuto ricorrere alle modalità a distanza ormai note ma con alcuni miglioramenti e con una organizzazione più articolata rispetto ai primi mesi; cambiamenti che si evincono già a partire dal nome: si utilizzerà il termine *DDI* al posto di didattica a distanza per indicare questa modalità di continuità dello svolgimento delle lezioni.

---

[13] Cfr. ANGELO CARANFA, *Strategie didattiche per la scuola innovativa*, pp.18-19.

Ai sensi della normativa vigente nel Piano Triennale dell'Offerta Formativa 2019/20-2021/22 l'Istituto Comprensivo ha elaborato un regolamento per la *DDI*, dal quale cercheremo di coglierne i suoi aspetti essenziali:

> «Per Didattica digitale integrata si intende la metodologia innovativa di insegnamento-apprendimento, rivolta a tutti gli studenti dell'Istituto Comprensivo, come modalità didattica complementare che integra o, in condizioni di emergenza, sostituisce, la tradizionale esperienza di scuola in presenza con l'ausilio di piattaforme digitali e delle nuove tecnologie.
> La *DDI* è lo strumento didattico che consente di garantire il diritto all'apprendimento delle studentesse e degli studenti in caso di nuovo lockdown. La progettazione della didattica in modalità digitale deve tenere conto del contesto e assicurare la sostenibilità delle attività proposte e un generale livello di inclusività, evitando che i contenuti e le metodologie siano la mera trasposizione di quanto solitamente viene svolto in presenza.
> La *DDI* è orientata anche agli alunni che presentano fragilità nelle condizioni di salute, opportunamente attestate e riconosciute, consentendo a questi per primi di poter fruire della proposta didattica dal proprio domicilio, in accordo con le famiglie»[14].

Già dalle prime parole presenti nel regolamento possiamo cogliere l'aspetto fondamentale di questa strategia didattica, che va ben oltre la semplice sostituzione della didattica in presenza. Attraverso la *DDI*, una vera e propria risorsa per l'inclusione su tutti i livelli dello studente, si può integrare ed arricchire la didattica quotidiana; essa si è rivelata durante il corso dell'anno uno strumento efficace per approfondire, per personalizzare i percorsi di recupero degli apprendimenti, per ampliare le competenze disciplinari, per migliorare la didattica nel rapporto con la tecnologia e la sfera sensoriale del bambino, per rispondere alle esigenze dei bisogni educativi speciali.

Le attività integrali digitali si distinguono in due modalità, in base alla necessità dell'interazione tra insegnante e studenti: attività sincrone, svolte in tempo reale, quali video lezioni in diretta e realizzazione di compiti, test o elaborati digitali; attività asincrone, senza interazione in tempo reale, quali approfondimenti individuali o di gruppo, visione di filmati o video lezioni registrate, esercitazioni, compiti e rielaborazioni in forma scritta o multimediale, attività di laboratorio multimediale di gruppo.

Nel caso in cui una o più classi siano costrette a misure di coercizione in contrasto al Covid-19 quali quarantena o isolamento domiciliare viene disposta la rimodulazione delle attività nel modo seguente:

> «Nel caso sia necessario attuare l'attività didattica interamente in modalità a distanza [...]; la programmazione delle attività integrate digitali in modalità sincrona segue un quadro orario settimanale delle lezioni stabilito con determina del Dirigente scolastico. A ciascuna classe

---

[14] Istituto Comprensivo Statale di Medicina, *Piano Triennale dell'Offerta Formativa, Allegato: Regolamento della Didattica digitale integrata.*

del primo ciclo è assegnato un monte ore settimanale di circa 15 ore di attività didattica sincrona di cui 10 nelle classi prime della scuola primaria»[15].

Le unità orarie si riducono da 60 a 45 minuti con attività giornaliere di 4 ore con una pausa di 30 minuti tra la seconda e la terza ora. Le video lezioni si svolgono dal lunedì al venerdì.

Sempre in caso di quarantena o isolamento fiduciario dei singoli studenti viene attivata la *DDI* in modalità sincrona per il singolo che si collegherà con il resto della classe che è in presenza; l'articolazione giornaliera dei collegamenti viene decisa previo contatto con i genitori e tenendo conto delle specifiche discipline di insegnamento e soprattutto delle esigenze del bambino. La *DDI* può essere attivata solo per problematiche inerenti alla positività da Covid-19 e non per altre tipologie di assenza.

1.3.3 Gli strumenti della *DDI*

La situazione scatenata dal Sars-COV2 ha reso ancor più necessario il passaggio ad una tipologia di scuola sempre più digitale, dove le attività vengono sviluppate sia negli ambienti fisici che in quelli virtuali, utilizzando strumentazioni alternative a quelle analogiche per lo sviluppo delle competenze. La didattica digitale è un processo di insegnamento e apprendimento che si realizza in specie nel contesto attuale, modificando le tradizionali metodologie didattiche basate sulla centralità del docente e sulla trasmissione dei contenuti e promuovendo il ruolo attivo degli studenti e l'acquisizione di competenze[16].

A supporto di questa innovazione numerosi applicativi vengono forniti per poter rendere la didattica più innovativa e per poter sviluppare nuove forme di apprendimento. In quest'anno scolastico, l'animatore digitale dell'Istituto Comprensivo di Medicina, l'insegnante Manuela Greco, d'intesa con il Dirigente Scolastico e il gruppo di animazione digitale dell'Istituto ha proposto numerosi corsi di formazione allo scopo di innovare ed ampliare l'offerta digitale formativa ed essere un valido supporto alla *DDI.*

Di seguito, si illustrano in maniera essenziale le principali applicazioni usate in questo anno scolastico sia per l'apprendimento a distanza che in presenza.

a. *Registro Elettronico Nuvola*

   È l'applicativo che a partire dell'anno scolastico 2020/2021 sostituisce di fatto il registro cartaceo nell'Istituto Comprensivo di Medicina ed offre numerose funzioni di didattica a distanza.

---

[15] *Ibid.*

[16] Cfr. MINISTERO DELL'ISTRUZIONE, DELL'UNIVERSITÀ E DELLA RICERCA, *Piano Nazionale Scuola Digitale.*

Il singolo docente attraverso il registro, oltre che firmare le presenze delle lezioni e caricare i compiti assegnati, può caricare materiale aggiuntivo, tenere sotto controllo i suoi giudizi e le assenze, comunicare con i genitori/tutori dell'alunno. A loro volta i genitori/tutori possono consultare i documenti, i compiti, il materiale scolastico. Attraverso funzioni di avviso si è certi dell'arrivo delle comunicazioni alle famiglie. In questo modo anche l'alunno assente può tenere sempre traccia dell'attività svolta in classe e non rimanere indietro con le lezioni ed il materiale assegnato.

b. *Google Suite for Education*

La piattaforma di Google è il principale strumento che da marzo 2020 viene offerto gratuitamente alle scuole come soluzione integrata di comunicazione e collaborazione. Per ogni alunno e insegnante Google mette a disposizione la creazione di un account istituzionale della relativa scuola (ad esempio, per l'Istituto Comprensivo di Medicina ogni account istituzionale è così composto: nome.cognome@icmedicina.istruzioneer.it) con il quale l'utente potrà accedere a tutti gli eventi e le attività interne al proprio istituto: tutti i dati sensibili e i contenuti restano così all'interno di un ambiente protetto e non sono esportabili o condivisibili con altri utenti esterni all'istituto; ciò avviene nel rispetto delle normative sulla tutela dei dati personali.

I principali applicativi della Suite sono: Classroom, per gestire il gruppo come una vera classe virtuale, dove essi possono interagire come fossero in presenza; Meet, per svolgere video lezioni in modalità sincrona e incontri di approfondimento; Gmail, la casella di posta elettronica utile per le comunicazioni istituzionali; Calendar, l'agenda che permette di creare appuntamenti, promemoria ed elenchi delle attività; Drive, uno spazio di archiviazione e condivisione del materiale; Moduli, un applicativo utile per raccogliere ed organizzare dati; Documenti, Fogli, Presentazioni, che consentono agli studenti di creare, leggere e modificare documenti in tempo reale. È possibile, inoltre, arricchire la Suite principale secondo le esigenze degli utenti, grazie alla possibilità di accedere ed istallare altri servizi aggiuntivi.

Nell'Istituto Comprensivo di Medicina la piattaforma viene utilizzata per gestire le classi attraverso Classroom, organizzare lo svolgimento di esercitazioni e verifiche attraverso liste e moduli, coordinare la comunicazione istituzionale tramite Gmail, incontrare nelle video lezioni gli alunni e nei colloqui i genitori tramite Meet, favorire l'attività laboratoriale a distanza, agevolare l'apprendimento degli studenti con bisogni educativi speciali. La Classroom si è rivelata oltremodo uno strumento indispensabile nel corso dell'anno, nei frequenti casi di quarantene di singoli o di classi intere, per il prosieguo delle attività didattiche.

Le funzionalità di Google Suite for Education permettono di poter ampliare l'esperienza didattica svolta a scuola anche nell'ambiente domestico, per una didattica integrata e volta alla digitalizzazione. L'uso di questa applicazione è risultato utile sia per continuare la didattica a distanza, sia quale valido strumento di supporto e continuità delle attività in presenza.

c. *Weschool*

Questa piattaforma, accessibile da pc o da app, è pensata per stimolare una didattica collaborativa e partecipata, attraverso la creazione di un gruppo classe che possiede molteplici funzioni: una bacheca (wall) dove dare avvisi e comunicazioni alla classe, una scrivania (board) dove i docenti possono caricare contenuti per le proprie lezioni; un'area test dove si possono creare contenuti per la verifica degli apprendimenti e il ripasso; un registro dove è possibile monitorare la visualizzazione dei contenuti e i singoli commenti da parte degli studenti; un'aula virtuale che consente le lezioni in videoconferenza con tutti i partecipanti; una chat dove si può comunicare e scambiare file in tempo reale. Durante il lockdown Weschool è stata una delle prime piattaforme *all in one* pensata per venire incontro alla chiusura fisica delle aule e per mantenere in contatto diretto studenti e insegnanti.

d. *Padlet*

Si tratta di un ambiente web basato sulla condivisione e sulla collaborazione, utile per realizzare sia lavori individuali che di gruppo. Le numerose funzioni lo rendono interessante soprattutto per chi ha necessità di creare percorsi personalizzati per i propri bambini (ad esempio, è stato utilizzato nella didattica a distanza per le attività dei *BES/DSA*) attraverso l'uso di materiali multimediali, oltre che delle metodologie di cooperative learning che si possono applicare a distanza.

Una funzione interessante di Padlet sta nella possibilità di creare un Portfolio delle competenze virtuale, dove è possibile documentare sia gli obiettivi raggiunti che tutte le dinamiche educative utili ai fini di una valutazione finale, sia tenere traccia dei lavori svolti durante le attività a distanza.

e. *Learning apps*

È un'applicazione web 2.0 volta a sostenere i processi didattici e di apprendimento tramite piccoli moduli interattivi. I moduli esistenti possono essere inseriti direttamente nei contenuti didattici, ma anche creati o modificati dagli utenti stessi online. L'obiettivo è raccogliere moduli riutilizzabili e metterli a disposizione di tutti. I moduli (chiamati App) non comprendono perciò un quadro specifico o uno scenario didattico concreto, ma si limitano esclusivamente alla parte interattiva. Attraverso la facilità di utilizzo per la creazione e la personalizzazione dei moduli, l'applicazione è utile come approfondimento dei contenuti spiegati attraverso giochi interattivi che possono essere facilmente condivisi con gli alunni.

f. *Wordwall*

Questo applicativo può essere utilizzato per la creazione di attività interattive e stampabili. Le attività interattive possono essere riprodotte su computer, tablet, smartphone e lim e possono essere eseguite dagli studenti sia in maniera singola o coordinate in tempo reale dall'insegnante; le attività stampabili possono essere utilizzate come schede di verifica in classe o di approfondimento. La versatilità di Wordwall, uniti allo stile accattivante e dinamico verso i bambini ne permettono numerosi utilizzi nella didattica: è possibile creare quiz, cruciverba, labirinti, abbinamenti, cruciverba, vero/falso, anagrammi, brainstorming e altro ancora; è possibile creare attività ex novo o attingere a una community di modelli condivisi che possono essere modificati secondo le proprie esigenze. Gli insegnanti possono scambiarsi materiale e condividere con gli altri le attività e i risultati dei lavori assegnati.

g. *Flipgrid*

La piattaforma è uno strumento di video discussione utilizzabile da docenti, studenti e famiglie, attraverso la possibilità della creazione di una classe virtuale dove l'amministratore può includere sia gli altri insegnanti del corso, sia gli studenti attraverso l'importazione delle Google Classroom, sia estendere la partecipazione ai genitori degli alunni. L'interfaccia e gli strumenti presenti in questa piattaforma sono davvero accattivanti e stimolano gli studenti attraverso la loro semplicità di utilizzo: l'insegnante ha la possibilità di lanciare un argomento di discussione (*topic*) in forma di video o audio e viene chiesto agli alunni di rispondere allo stesso modo; sia l'insegnante che i bambini hanno a disposizione per la creazione dei contenuti multimediale un editor video che dà la possibilità di personalizzare con cornici, immagini interattive, didascalie, effetti e comandi di montaggio il filmato che si va a caricare.

Flipgrid lavora in un ambiente totalmente protetto in quanto solo l'amministratore della classe può concedere le autorizzazioni, sia per quanto riguarda la pubblicazione delle risposte, sia per l'eventuale esportazione a terzi dei filmati presenti sulla piattaforma.

h. *Nearpod*

Questo applicativo multipiattaforma può essere utilizzato per rendere le presentazioni in Powerpoint interattive e per realizzare compiti o lezioni da proporre alla classe. Nearpod è un software online o scaricabile che permette di inserire nelle presentazioni elementi di interazione per rendere la lezione più coinvolgente attraverso le immagini tridimensionali, la realtà virtuale, la realtà aumentata, i questionari, i quiz, gli approfondimenti e la possibilità di lavorare in gruppo attraverso le lavagne collaborative; interessante è la possibilità di poter importare contenuti multimediali esterni e di modificarli a proprio piacimento, con la possibilità di creare con essi piccoli giochi e attività. Essendo questo applicativo un social learning, permette l'interazione con altre piattaforme educative. Attraverso la generazione di un semplice codice l'alunno potrà accedere nella presentazione e lavorare nella modalità live insieme sullo stesso documento e permettere all'insegnante il controllo delle attività svolte in tempo reale.

i. *Canva*

Canva è un applicativo online di foto/video editing e progettazione grafica particolarmente amato sia dai professionisti del settore ma anche da chi si approccia al mondo visual; dal linguaggio facile ed intuitivo offre numerosi layout preformati e adattabili a diversi modelli ed esigenze. È possibile creare info grafiche, locandine, brochure, sfondi personalizzati, presentazioni, video e tanto altro. Nella licenza scolastica invece troviamo numerosi modelli utili ai fini educativi: fogli di esercizi, lavori di gruppo, kit di decorazioni per l'aula, video progetti, info grafiche e presentazioni didattiche, modelli e giochi educativi.

La versatilità delle funzioni disponibili, unita al pratico utilizzo della community dalla quale è possibile scaricare materiale da poter importare nei propri progetti, rendono Canva uno degli applicativi più usati soprattutto nell'ambito scolastico.

j. *Jamboard*

È un applicativo che consta di una lavagna interattiva utilizzabile da chiunque possieda un account Google. Le lavagne possono essere rinominate, salvate automaticamente o scaricate nel proprio account Google Drive. Attraverso la Jamboard è possibile scrivere, cancellare, inserire note, schermate, immagini interattive ed invitare persone a collaborare e a condividere i lavori, sia in forma privata che tramite link o in condivisione sui social.

k. *Kahoot*

Permette di creare quiz online, questionari, sondaggi e verifiche utilizzando un'interfaccia semplice e intuitiva. L'aspetto particolare di questa applicazione è che propone i quiz in modo divertente, sotto forma di gara, in maniera coinvolgente per gli alunni; è possibile utilizzarla sia per condividere online i quiz, sia per esercitazioni in classe. Inoltre, l'insegnante ha a disposizione in tempo reale i risultati sotto forma di tabelle e grafici, per verificare esecuzione e punteggi degli esercizi assegnati. Tra le funzioni a disposizione dell'insegnante è possibile personalizzare i modelli di quiz dell'applicazione inserendo domande, immagini, audio e video. Tutti i contenuti di Kahoot sono condivisibili agli studenti tramite un semplice link da inserire in Classroom.

l. *Classdojo*

L'applicativo è utile per migliorare l'esperienza scolastica di classe attraverso l'utilizzo della tecnologia. È un programma che si rivela molto utile per gestire in maniera efficace i comportamenti di classe sul modello della token economy, per incentivare l'utilizzo dei comportamenti corretti e per rendere partecipi i genitori: ogni studente viene inserito nella classe dall'insegnante che condivide la piattaforma con i colleghi e viene assegnato ad ogni bambino un simpatico avatar; successivamente l'insegnante imposta gli obiettivi che si vogliono premiare (ad esempio lavorare in gruppo, eseguire i compiti, aiutare gli altri, ecc.) e le azioni negative da segnalare (ad esempio interrompere la lezione, parlare senza permesso, non portare il materiale scolastico, ecc.); a questo punto, quotidianamente l'insegnante può assegnare, secondo gli obiettivi, punti positivi o negativi, che vanno ad influire sia sul punteggio del singolo ma soprattutto sul contesto classe.

Con questa dinamica si educano i bambini al lavoro di classe e al rispetto delle regole per non far ricadere i comportamenti sbagliati dei singoli sul rendimento globale della classe.

1.4 La risposta didattica dei bambini BES/DSA

Una menzione a sé stante merita, a mio avviso, lo svolgimento delle attività didattiche in questo tempo di pandemia per i *BES/DSA*. Il processo di crescita di questi bambini è risultato ancor di più un cammino in salita, poiché alle difficoltà di apprendimento e di relazione si è aggiunta la distanza imposta dall'emergenza sanitaria: come già accennato nel capitolo precedente le difficoltà dell'applicazione di strategie valide nella modalità a distanza, unite all'impossibilità del raggiungimento di un luogo fisico – la scuola – a cui i bambini guardano come un'opportunità per mettersi in gioco e un contesto diverso dalla quotidianità della famiglia e delle relazioni parentali, hanno generato un forte rallentamento negli sforzi e nei progressi che mirano all'inclusione del bambino con i suoi pari.

L'Istituto Comprensivo di Medicina ha mostrato in questo tempo di pandemia un particolare spirito di inclusione e di vicinanza verso questi bambini fragili, che già in condizioni normali sono attenzionati da un gruppo di insegnanti di sostegno alla classe che collaborano fattivamente sia con gli educatori interni all'istituto (famiglie, docenti di classe, educatori e personale non docente) sia con gli esperti esterni (pediatri, logopedisti, psicologi, psichiatri, neuropsichiatri, assistenti sociali) che seguono e sostengono i bambini nel loro percorso educativo.

Attualmente nell'Istituto Comprensivo di Medicina operano 38 docenti di sostegno e 18 educatori di una cooperativa di servizi esterna per l'accompagnamento di 58 bambini *BES/DSA*.

La prima nota ministeriale in merito questa categoria all'inizio del lockdown che forniva le prime indicazioni su come affrontare la didattica a distanza, precisava che

> «La sospensione dell'attività didattica – in presenza – non deve interrompere, per quanto possibile, il processo di inclusione. Come indicazione di massima, si ritiene di dover suggerire ai docenti di sostegno di mantenere l'interazione a distanza con l'alunno e tra l'alunno e gli altri docenti curricolari o, ove non sia possibile, con la famiglia dell'alunno stesso, mettendo a punto materiale personalizzato da far fruire con modalità specifiche di didattica a distanza concordate con la famiglia medesima, nonché di monitorare, attraverso feedback periodici, lo stato di realizzazione del PEI. Resta inteso che ciascun alunno con disabilità, nel sistema educativo di istruzione e formazione italiano, è oggetto di cura educativa da parte di tutti i docenti e di tutta la comunità scolastica.
> È dunque richiesta una particolare attenzione per garantire a ciascuno pari opportunità di accesso a ogni attività didattica»[17].

---

[17] MINISTERO DELL'ISTRUZIONE, DELL'UNIVERSITÀ E DELLA RICERCA, *Nota* n.388, 17-03-2020, in https://miur.gov.it/documents/20182/0/Nota+prot.+388+del+17+marzo+2020.pdf/d6acc6a2-1505-9439-a9b4-

Gli insegnanti, con la collaborazione e i gli sforzi delle famiglie, hanno dovuto continuamente rimodulare i *PEI* a misura delle esigenze del bambino, cercando di lavorare sull'acquisizione delle nuove competenze ma soprattutto sul potenziamento delle abilità e delle capacità acquisite in presenza fino a quel momento; un grande merito va alle insegnanti di sostegno che hanno saputo essere flessibili ed innovative per cercare di coniugare gli obiettivi dell'apprendimento con le esigenze dei singoli bambini, già provati e in una condizione di disadattamento dovuto al confinamento forzato in casa. Chi ha a che fare ogni giorno con i *BES/DSA* sa quanto la routine sia importante nel progresso di acquisizione delle competenze, e quanto questa brusca interruzione abbia influito a livello psicologico e pedagogico.

Nell'Istituto Comprensivo di Medicina sin da subito, grazie al confronto proficuo tra gli insegnanti di sostegno, i team di classe e le famiglie, i bambini hanno potuto proseguire la didattica nella modalità a distanza: da marzo 2020 fino al termine dell'anno scolastico 2019/2020 le attività sono state svolte in modalità sia sincrona e asincrona attraverso Meet e Classroom della piattaforma GSuite, favorendo, ove possibile, la partecipazione dei bambini *BES/DSA* con il gruppo classe per incentivare la relazione ed evitare un lavoro esclusivamente individualizzato.

Nelle attività individualizzate svolte con l'insegnante di sostegno, si è mirato all'acquisizione di piccoli obiettivi e al consolidamento delle abilità di base dei bambini; particolarmente utile si è rivelato l'utilizzo di materiale multimediale quali canzoni, video, giochi e musica proposte ai bambini; altro punto di forza è stato l'utilizzo della piattaforma Padlet che ben si adattava alla costruzione di un percorso didattico personalizzato tenendo conto degli specifici bisogni di ogni bambino.

Con l'avvio del nuovo anno scolastico e la possibilità di nuove restrizioni locali o nazionali, viene stabilito che

> «resta salva la possibilità di svolgere attività in presenza qualora sia necessario l'uso di laboratori o in ragione di mantenere una relazione educativa che realizzi l'effettiva inclusione scolastica degli alunni con disabilità e con bisogni educativi speciali, secondo quanto previsto dal decreto del Ministro dell'Istruzione n.89 del 7 agosto 2020, e dall'ordinanza del Ministro dell'Istruzione n. 134 del 9 ottobre 2020, garantendo comunque il collegamento on line con gli alunni della classe che sono in didattica digitale integrata»[18].

A riguardo, il Ministero dell'Istruzione in una nota ribadisce le motivazioni di questa scelta riguardante l'eventuale presenza a scuola dei bambini con disabilità certificata e dei *BES/DSA*:

735942369994?version=1.0&t=1584474278499#:~:text=Oggetto%3A%20emergenza%20sanitaria%20da%20nuovo,le%20attività%20didattiche%20a%20distanza.

[18] PRESIDENTE DEL CONSIGLIO DEI MINISTRI, *Decreto*, 3-11-2020, art.3, comma 4, lettera *f)*, in *GU* n.275, Suppl. Ord. n.41, 04-11-2020.

«In generale, in materia di inclusione scolastica per tutti i contesti ove si svolga attività in *DDI* il *DPCM*, nel richiamare il principio fondamentale della garanzia della frequenza in presenza per gli alunni con disabilità, segna nettamente la necessità che tali attività in presenza realizzino un'inclusione scolastica "effettiva" e non solo formale, volta a "mantenere una relazione educativa che realizzi effettiva inclusione scolastica". I dirigenti scolastici, unitamente ai docenti delle classi interessate e ai docenti di sostegno, in raccordo con le famiglie, favoriranno la frequenza dell'alunno con disabilità, in coerenza col *PEI*, nell'ambito del coinvolgimento anche, ove possibile, di un gruppo di allievi della classe di riferimento, che potrà variare nella composizione o rimanere immutato, in modo che sia costantemente assicurata quella relazione interpersonale fondamentale per lo sviluppo di un'inclusione effettiva e proficua, nell'interesse degli studenti e delle studentesse»[19].

Nello specifico, la situazione concreta di chiusura si è realizzata nei mesi di febbraio-aprile 2021 a Medicina, quando l'andamento dei contagi nella provincia di Bologna ha subito un deciso aumento e si è resa necessaria la chiusura delle scuole e l'attivazione della *DDI* per tutte le classi del nostro Istituto Comprensivo.

Riguardo alla presenza a scuola di questa categoria di alunni, recependo le indicazioni governative il Dirigente Scolastico ha ritenuto opportuno operare un discernimento caso per caso sui bambini *BES/DSA* da ammettere alla didattica in presenza, fermo restando la possibilità di presenza a scuola di tutti i bambini con disabilità certificata; questa scelta è stata dettata dalla prudenza onde evitare possibili occasioni di contagio.

Nel lasso di tempo della *DDI* abbiamo lavorato in sinergia con le insegnanti di sostegno, non solo per garantire la presenza a scuola dei bambini con disabilità certificata, ma per cercare di ricreare quell'ambiente familiare, seppur privato della relazione con i compagni, che i bambini in presenza avrebbero trovato a scuola.

Nello specifico, la *DDI* si è tenuta a partire dal 24 febbraio a tutto il mese di marzo 2021, per poi ritornare alla didattica in presenza immediatamente dopo la sospensione delle attività per le festività pasquali. Le indicazioni fornite dal dirigente scolastico sono state indirizzate verso una continuità – seppur rimodulata – della presenza del personale docente a scuola, sia per garantire una didattica efficiente attraverso la connessione e gli strumenti informatici presenti nei plessi scolastici, sia per evitare quel clima di solitudine che inevitabilmente avrebbe influito in maniera negativa sui bambini presenti a scuola.

Il lavoro svolto in quel mese, che ci ha visto connessi da scuola con i bambini costretti in casa e allo stesso tempo con un contatto diretto verso i *BES/DSA* che svolgevano attività nel plesso, è stato un *essere scuola* che mi ha fatto vivere la prossimità verso questi piccoli e mi ha

---

[19] Ministero dell'Istruzione, dell'Università e della Ricerca, *Nota* n. 1190, 5-11-2020, in https://www.miur.gov.it/documents/20182/0/m_pi.AOODPIT.REGISTRO+UFFICIALE%28U%29.0001990.05-11-2020.pdf/f37c907d-f834-d277-f439-ea40ae408093?t=1604594338648.

fatto scoprire ancor di più la necessità programmare le attività insieme agli altri colleghi, per poter riuscire a cogliere i bisogni, le esigenze e le richieste che vengono fuori dai loro comportamenti, per saper dare nelle modalità adeguate insegnamenti utili per la loro crescita; i bambini presenti a scuola hanno vissuto attività individuali con i propri insegnanti di sostegno, si sono messi in gioco nelle attività laboratoriali e creative pensate insieme agli altri insegnanti presenti a scuola per incentivare la relazione e la familiarità con i compagni presenti, hanno lavorato ove possibile collegandosi con i compagni che erano a casa per non perdere quel contatto essenziale con la propria classe di appartenenza.

Lavorare in sinergia, cercando il confronto sincero, riadattandosi e mettendosi in gioco, aiuta gli insegnanti che ogni giorno si cimentano nell'avventura di accompagnare questi bambini a creare percorsi sempre più su misura, specifici per ciascuno di loro.

L'esperienza vissuta con i colleghi dell'Istituto Comprensivo di Medicina, nello specifico di questo aspetto educativo impegnativo ma entusiasmante, mi ha fatto comprendere che l'esperienza delle opportunità educative per i *BES* si sviluppa e trae beneficio solo dal lavoro di squadra, tenendo ben presente l'unico obiettivo di tutti questi sforzi: il benessere e l'educazione di tutti, affinché nessuno sia lasciato indietro, nemmeno in queste situazioni di particolare emergenza.

§2. Proposte di ripartenza pastorale

Il tema di fondo sollevato dalla crisi pandemica per la Chiesa è più complesso di quanto si pensi. La pandemia ha prepotentemente riportato alla luce le ferite di una pastorale che, nonostante numerosi cambiamenti e spinte, non riesce ad essere incisiva nella vita dei fedeli; come corpo ecclesiale viviamo da un bel po' di tempo un malessere che non è soltanto legato alla situazione di *stallo* pastorale descritta nel precedente capitolo, ma è una situazione di complesse problematiche che la Chiesa si sta trovando a vivere nell'evangelizzazione e nella catechesi e che il Sars-COV2 ha riportato in evidenza.

Per provare a dare qualche input di ripartenza dopo questo periodo, prendiamo in prestito dalle parole di Derio Olivero un'affermazione che guida la nostra riflessione: questo tempo che stiamo vivendo non può essere considerato come una parentesi.

Le sue parole ci vengono in aiuto:

> «uno dei grandi rischi che la Chiesa e la società stanno correndo è quello di pensare che, quando questo bruttissimo periodo prima o poi si sarà chiuso, potremmo tornare finalmente come eravamo prima. Sono convinto invece [...] che questa tragedia non sia assolutamente

una brutta parentesi da superare per tornare come prima: è un tempo che ci parla, un *kairòs*. È un tempo che urla e ci chiede di cambiare»[20].

Prima di parlare di tentativi di cambiamento però è opportuno fare una contestualizzazione antropologica. Siamo ben consapevoli che l'uomo del nostro tempo è segnato da una sorta di mancanza di fiducia nel futuro: ne vien fuori una profonda mancanza di desiderio verso ogni cosa, causata dalla moltiplicazione dei bisogni che non ci permettono di guardare al domani come l'attesa di un qualcosa che avverrà; la società attuale, attraverso la soddisfazione dell'immediato, ha contribuito al totale smarrimento di questo senso di attesa, che proietta l'uomo a vivere costantemente come un essere in ricerca[21]. Questa crisi di senso si riflette, di conseguenza, anche nel rapporto tra l'uomo e Dio, che egli percepisce quasi come inutile, poiché non soddisfa i suoi bisogni immediati: il Signore e la sua Chiesa sono messi da parte, accantonati tra i tradizionalismi, tra le cose che non possono apportare più nessun beneficio all'uomo di oggi.

Alla luce di questo, come ripartire? Come far sì che questo tempo possa diventare un *kairòs*, un tempo di Grazia che ci guida a una vera riscoperta della figliolanza Divina e dell'appartenenza all'unico corpo ecclesiale? Come ridare quel senso di speranza all'uomo ferito e ormai senza nessuno stimolo?

Notiamo sempre più che dopo questo tempo nel quale la proposta pastorale della chiesa è stata privata dei suoi spazi vitali (assenza di celebrazioni comunitarie) e dei suoi volti costituenti (impossibilità di vivere relazioni in presenza), la riflessione pastorale tende verso una ripresa a tutti i costi delle attività, ponendo l'accento sul programmare tutto ciò che ci farà ritornare a *fare*. Più che sul fare, l'attenzione pastorale deve essere posta sull'educare le persone all'essere Chiesa, e soprattutto educare ad una ritrovata fiducia verso Cristo, unica nostra Speranza[22]; il cristiano deve ritornare a vivere con rinnovato entusiasmo l'annunzio salvifico di Cristo, che è presente nella quotidianità della vita, nelle vicende liete e tristi della sua esistenza, per poter esserne poi testimone nel mondo.

La pastorale, quindi, deve privilegiare un sistema di deve orientarsi verso un sistema di educazione alla fiducia, che il singolo ha perso e deve riacquistare per poterla poi trasmettere agli altri.

In che modo?

---

[20] DERIO OLIVERO (a cura di), *Non è una parentesi. Una rete di complici per assetati di novità*, Edizioni Effatà, Cantalupa 2020, p.11.

[21] Cfr. MASSIMO RECALCATI, *Le nuove melanconie. Destini del desiderio nel tempo ipermoderno*, Edizioni Raffaello Cortina, Milano 2019.

[22] Cfr. *1Tim* 1,1.

«Dobbiamo usare tutti gli strumenti per coltivare la fiducia in noi. E abbiamo una miniera di strumenti per farlo: la Parola di Dio, l'Eucaristia, la Comunità; sono sorgenti di fiducia. Ciò fa sì che possiamo diventare una *relazione contagiosa*, capaci di stare veramente, fattivamente, generativamente vicini agli altri, per far sentire un aiuto e una speranza che contagia. Coltivare in noi la fiducia, con gli strumenti che da sempre la chiesa ha a disposizione, fa sì che si possa dire di noi cristiani: "Quello lì ha qualcosa" (sottinteso: di speciale)»[23].

Sintetizzo, attraverso tre parole, alcune considerazioni che potrebbero essere utili per attuare nella nostra comunità ecclesiale un vero percorso di educazione ai fini di una rinnovata ripartenza pastorale: partecipazione, iniziazione, accompagnamento.

2.1 Partecipazione

Il primo aspetto, a mio giudizio, dal quale bisogna ripartire riguarda la questione della partecipazione alla vita liturgica.

Come già ampiamente detto in precedenza, la comunità cristiana si è vista privata della sua dimensione liturgica nella forma tradizionale; la liturgia, che è opera di Cristo ed azione della sua Chiesa, manifesta visibilmente la comunione tra Dio e gli uomini[24]. Essa – come ci ricorda il Concilio – «che i fedeli vi prendano parte consapevolmente, attivamente e fruttuosamente»[25]. La chiusura in casa e la partecipazione alle liturgie a distanza è stato un modo per tenere insieme la comunità orante, ma che adesso ha bisogno di essere rieducata ad una presenza e partecipazione attiva all'azione liturgica della Chiesa.

Oltre la semplice ripresa delle celebrazioni in presenza – peraltro avvenuta già da un anno –, è necessario recuperare il concetto di educazione rituale: è sì necessario educare ai riti, ma è soprattutto urgente ridare ai riti un ruolo decisivo nella formazione del soggetto cristiano; in altri termini, è necessario riscoprire il carattere educante della liturgia.

Ma cosa significa educazione liturgica?

I riti hanno una forza educante che prescinde dai nostri schemi, nei quali la parola trasmette un contenuto da assimilare; il rito liturgico invece, attraverso l'emergere della forma simbolico rituale (gesti-azioni-movimenti-simboli) come sfondo della forma verbale, sposta l'attenzione dai registri verbali a quelli non verbali, che costituiscono il contesto complesso e completo dell'azione rituale ecclesiale. Lasciando spazio al rito nella sua forma pura (senza l'aggiunta di

---

[23] DERIO OLIVERO, *Non è una parentesi*, p.11.

[24] Cfr. GIOVANNI PAOLO II, *Catechismo della Chiesa Cattolica*, 11-10-1992, Edizioni Libreria Editrice Vaticana, Città del Vaticano 1992, n.1071.

[25] CONCILIO VATICANO II, *Costituzione Apostolica Sacrosanctum Concilium sulla Sacra Liturgia*, 4-12-1963, in *AAS* 56 (1964), n.11.

parole, ma prediligendo la partecipazione come forma unica di formazione) è possibile formare il cristiano ad una coscienza e ad una sensibilità liturgica[26].

Questa modalità di educazione risulta a volte difficile da trasmettere, proprio perché si è persa quella formazione fatta di gesti e di riti, prediligendo la spiegazione di essi, che negli ultimi decenni purtroppo ha preso il sopravvento.

Per comprendere meglio l'importanza di questa pedagogia educativa può esserci utile il paragone con il rapporto genitori-figli: come un bambino si educa non solo attraverso la parola, ma soprattutto con i gesti, gli esempi, i modi di essere e la testimonianza, allo stesso modo un cristiano non può esaurire la sua educazione alla fede solo attraverso concetti e spiegazioni, ma deve fare esperienza di ciò che crede e di ciò che professa; e ciò avviene nella partecipazione ai riti.

Nel contesto attuale la forza educante della liturgia può deve essere il punto di partenza per la nostra pastorale, in quanto essa è radicata nello spazio e nel tempo dei soggetti credenti, ne educa i sensi, ed è il mezzo di incontro con l'Invisibile. La liturgia è sia il segno visibile della presenza di Dio tra gli uomini, sia il fondamento dell'esperienza più elementare dell'esistenza umana e cristiana[27]: educare ad una partecipazione liturgica consapevole e rinnovata significa ritornare a fare esperienza del Signore Risorto presente in mezzo alla sua Chiesa.

2.2 Iniziazione

Il secondo aspetto, riguarda invece la dimensione comunitaria dell'iniziazione cristiana, ossia il recupero di quella esperienza di cammino sacramentale che non interessa solo il singolo, bensì rende la comunità parte fondamentale del cammino del cristiano, la quale accoglie il catecumeno, lo sostiene lo accompagna nel suo itinerario di fede.

Il cammino di iniziazione cristiana è essenzialmente un evento saramentale che si attua con i tre sacramenti del Battesimo, della Cresima e dell'Eucaristia, per mezzo dei quali l'uomo rinasce alla vita nuova ed entra a far parte della comunità dei credenti che celebrano il memoriale della morte e risurrezione del Signore; è un itinerario di fede che richiede un periodo di formazione prima e dopo la celebrazione dei sacramenti; è un evento ecclesiale attraverso il quale la comunità

[26] Cfr. ANDREA GRILLO, *Riti che educano. I Sette sacramenti*, Edizioni Cittadella, Assisi 2011, pp.21-24.
[27] Cfr. *Ibid.*, pp.31-33.

cristiana aggrega a sé nuovi credenti, li genera nella fede e li accompagna sulla via della salvezza[28].

L'aspetto ecclesiale – negli ultimi decenni dimenticato, con la progressiva affermazione di un relativismo religioso – non deve mai essere sottovalutato, poiché la fede cristiana non è mai un evento individuale o intimistico, bensì è una realtà che possiede un'intrinseca dimensione comunitaria; nella nostra prassi pastorale non dobbiamo mai dimenticare che nelle chiese particolari la parrocchia, realtà ecclesiale che si inserisce nelle nostre quotidianità come la dimora di Dio tra gli uomini[29], è quel *grembo materno* pronto a generare alla fede. Nella parrocchia l'iniziazione cristiana si svolge come insegnamento, educazione ed esperienza di vita cristiana.

Nella ripartenza pastorale è dunque necessario riscoprire il carattere comunitario dell'esperienza sacramentale, elemento caratterizzante della Chiesa delle origini, soprattutto attraverso l'arte dell'accompagnamento, specie in questo contesto post pandemico. Tutti abbiamo dovuto fare i conti con i nostri limiti, le resistenze, i dubbi e le fatiche della quarantena; ci siamo riscoperti fragili e bisognosi del sostegno di qualcuno per poter ripartire.

In questo contesto, dunque, essere accompagnati ed iniziati alla fede attraverso l'accompagnamento comunitario può essere una via d'uscita non solo per poter ricominciare un'esperienza di fede, ma soprattutto uno strumento – quello che è la stessa comunità – indispensabile per guarire le ferite psicologiche degli uomini del nostro tempo che questa pandemia ha ulteriormente messo allo scoperto.

Per una pastorale che sappia tener conto delle esigenze dell'uomo di oggi, desideroso di esser guarito e di recuperare quella capacità di relazione che si era ridotta, il recupero dell'aspetto comunitario dell'iniziazione cristiana è pressoché un aspetto fondamentare per ridare nuovo slancio e nuovo entusiasmo alle nostre chiese locali.

2.3 Accompagnamento

L'ultimo aspetto utile riguarda invece la capacità di saper accompagnare alla fede.

Consapevoli che la vita di fede nasce e si sviluppa sia attraverso innumerevoli strade personali sia in cammini comunitari, è necessario accompagnare il credente, attraverso

[28] Cfr. ARCIDIOCESI DI UDINE, *Diventare cristiani nella comunità. Scelte pastorali per l'Iniziazione cristiana degli adulti*, 12-05-2005, in http://catecumenato.diocesiudine.it/wp-content/uploads/sites/15/2018/03/diventare_cristiani_IIed.pdf.

[29] Cfr. *Ap* 21,3.

l'educazione alla fede, onde favorire lo sviluppo di esperienze, conoscenze, atteggiamenti, capacità personali, che possono sostenere il maturare della mentalità di fede.

In tutto ciò non va dimenticato il carattere comunitario dell'accompagnamento:

> «l'educazione nella fede, alla fede e alla vita cristiana, è un compito fondamentale della comunità cristiana che è coinvolta in questo impegno con tutta sé stessa attraverso una pluralità di soggetti, forme, metodi. Cercare di rispondere al meglio al compito di costruire condizioni favorevoli per l'incontro tra la libertà delle persone e l'annuncio liberante del Vangelo, significa oggi per la comunità cristiana ripensare profondamente la propria prassi»[30].

Le linee guida emanate dall'Ufficio Catechistico Nazionale ci mettono dinanzi a una domanda fondamentale: come essere annunciatori del Vangelo in questo tempo specifico?

Nel tentativo di dare una traccia per una ripartenza – tendendo bene a mente che è importante rifuggire la tentazione di soluzioni immediate – il testo si sofferma su quattro punti sui quali porre l'accento per una rinnovata prassi ecclesiale: l'ascolto, la narrazione, la comunità, la creatività.

Riguardo al carattere comunitario dell'educazione alla fede, il documento indica che

> «accanto e nella parrocchia non vanno dimenticate però le associazioni e i movimenti, che spesso hanno nella parrocchia il loro "campo base" ma che sviluppano anche percorsi pastorali specifici come quelli legati all'Iniziazione Cristiana o all'apostolato di ambiente [...].
> Compito dei formatori e dei catechisti è quello di riallacciare i legami in nome del Vangelo. Le strutture parrocchiali e diocesane sono quindi chiamate a rinnovarsi, passando dai progetti tradizionali ad un'attenzione all'esistenza concreta delle persone. In quest'ottica, "fare comunità" significa dare slancio alle relazioni, liberandole dalla tentazione del possesso o dei numeri e facendo emergere il contributo di ciascuno. Uno sguardo contemplativo e intriso di Parola di Dio consentirà di portare la vita reale nella preghiera domestica e nella celebrazione eucaristica»[31].

Ma cosa significa dare slancio alle relazioni? Significa costruire insieme nuovi percorsi pastorali, per poter iniziare, educare ed accompagnare alla fede.

Ci viene in aiuto Papa Francesco che ancora una volta, sottolinea nel suo magistero l'esigenza di una sinodalità e fornisce le linee guida per una vera esperienza di Chiesa che cammina nella storia e genera alla fede:

> «Una Chiesa del dialogo è una Chiesa sinodale, che si pone insieme in ascolto dello Spirito e di quella voce di Dio che ci raggiunge attraverso il grido dei poveri e della terra. In effetti, quello sinodale non è tanto un piano da programmare e da realizzare, ma anzitutto uno stile da incarnare. E dobbiamo essere precisi, quando parliamo di sinodalità, di cammino sinodale, di esperienza sinodale. Non è un parlamento, la sinodalità non è fare il parlamento. La

---

[30] UFFICIO CATECHISTICO REGIONALE DELL'EMILIA-ROMAGNA, *Una comunità che genera e accompagna nella fede. Alcune linee comuni per la progettazione di cammini educativi nella fede*, 1-06-2018, in https://diocesipiacenza bobbio.org/wp-content/uploads/2019/04/Progetto-reg-uc-pg-Vescovi-CEER-Marola-giugno-2018.pdf.

[31] UFFICIO CATECHISTICO NAZIONALE DELLA CONFERENZA EPISCOPALE ITALIANA, *Ripartiamo Insieme*.

sinodalità non è la sola discussione dei problemi, di diverse cose che ci sono nella società... È oltre. La sinodalità non è cercare una maggioranza, un accordo sopra soluzioni pastorali che dobbiamo fare. Solo questo non è sinodalità; questo è un bel "parlamento cattolico", va bene, ma non è sinodalità. Perché manca lo Spirito. Quello che fa che la discussione, il "parlamento", la ricerca delle cose diventino sinodalità è la presenza dello Spirito: la preghiera, il silenzio, il discernimento di tutto quello che noi condividiamo. Non può esistere sinodalità senza lo Spirito, e non esiste lo Spirito senza la preghiera. Questo è molto importante.
La Chiesa del dialogo è una Chiesa sinodale, che si pone insieme in ascolto dello Spirito e di quella voce di Dio che ci raggiunge attraverso il grido dei poveri e della terra. In genere, anche i peccatori sono i poveri della terra. In effetti, quello sinodale non è tanto un piano da programmare e da realizzare, una decisione pastorale da prendere, ma anzitutto uno stile da incarnare»[32].

La centralità della presenza dello Spirito è ciò che non deve mai mancare nella vita della comunità cristiana; la gioia dello Spirito Santo deve essere contagiosa per tutti i membri della comunità ecclesiale, deve muovere le nostre scelte pastorali. Nel recente documento di istituzione del ministero laicale del catechista, il Santo Padre a riguardo così si esprime:

«Risvegliare l'entusiasmo personale di ogni battezzato e ravvivare la consapevolezza di essere chiamato a svolgere la propria missione nella comunità, richiede l'ascolto alla voce dello Spirito che non fa mai mancare la sua presenza feconda. Lo Spirito chiama anche oggi uomini e donne perché si mettano in cammino per andare incontro ai tanti che attendono di conoscere la bellezza, la bontà e la verità della fede cristiana. È compito dei Pastori sostenere questo percorso e arricchire la vita della comunità cristiana con il riconoscimento di ministeri laicali capaci di contribuire alla trasformazione della società attraverso la penetrazione dei valori cristiani nel mondo sociale, politico ed economico»[33].

La sapienza della Chiesa ci indica un'esigenza pastorale molto chiara: nell'accompagnamento e nell'educazione alla fede c'è l'esigenza di vivere un percorso comunitario che sia fatto di ascolto, di dialogo e di Presenza, perché solo attraverso la testimonianza di un incontro che è sanante e vivificante possiamo essere testimoni di una chiesa che vive sotto la guida dello Spirito e annunzia la presenza del Risorto in mezzo ad essa. Accompagnare alla fede significa – più che mai in questo tempo di ripartenza – sapersi raccontare, mettendo nelle mani della comunità le proprie debolezze e le proprie speranze, fidandosi degli uomini che il Signore ci mette accanto per poter riacquistare l'entusiasmo e la forza che hanno caratterizzato le prime comunità cristiane.

---

[32] FRANCESCO, *Discorso ai membri del consiglio nazionale dell'Azione Cattolica Italiana*, 30-04-2021, in http://www.vatican.va/content/francesco/it/speeches/2021/april/documents/papa-francesco_20210430_azione-cattolica .html.

[33] FRANCESCO, *Motu proprio Antiquum Ministerum*, 10-05-2021, in http://www.vatican.va/content/ francesco/it/motu_proprio/documents/papa-francesco-motu-proprio-20210510_antiquum-ministerium. html.

CONCLUSIONI

Al termine percorso di analisi e riflessioni, non mi sembra azzardato provare a tirare qualche conclusione, che vuole essere il punto di inizio di una riflessione seria per una ripresa ponderata ed efficace del sistema educativo, parte integrante dell'apprendimento e della crescita culturale e religiosa.

Il dato rilevato è certamente questo: tra le misure emergenziali per garantire la tutela della salute pubblica, la scuola e la Chiesa molto probabilmente hanno subito le conseguenze più gravi delle chiusure dei mesi di marzo ed aprile 2020; queste due istituzioni sono ormai le uniche che riescono ad avere un radicamento territoriale esteso e capillare, con la capacità saper intercettare e tenere unite tra loro i singoli e i gruppi familiari senza nessuna distinzione di ceto o di provenienza[1]. Scuola e Chiesa oggi chiamate – in un processo complesso di ricostruzione della società – a sapersi tirar fuori da una pandemia che le ha sostanzialmente cambiato, mettendo in luce problematiche e criticità latenti e che gravavano già da tempo sui loro sistemi: ad esse viene chiesto, nelle modalità proprie di ciascuna, di essere artefici di una ricostruzione sociale in uno scenario rapidamente mutato.

§1. La scuola

I cambiamenti ambientali in atto da molti decenni nel nostro Paese hanno messo in luce una situazione del sistema scolastico che necessita mutamenti strutturali e serie, per essere all'altezza di una popolazione scolastica sostanzialmente diversa da quella sulla quale il sistema scolastico italiano era basato fino a trent'anni orsono.

Il ruolo centrale di questo cambiamento, a mio giudizio, parte dalla figura dell'insegnante: non più un semplice ruolo di un adulto che comunica informazioni e ne verifica l'assimilazione, ma una figura di vicinanza, di prossimità al bambino, alle sue difficoltà, alle sue ansie e alle sue vittorie quotidiane; l'insegnante, con la sua componente di umanità profonda, si fa carico del bambino e indirizza tutte le sue competenze, tutti i suoi sforzi, verso l'accompagnamento e la realizzazione della crescita intellettuale, sociale e culturale del suo alunno.

[1] Cfr. ANTONIO SPADARO, La Scuola e la Chiesa nella Pandemia, in *La Civiltà Cattolica*, 171 (2020) n.4089.

Come può essere la nostra scuola dopo il Sars-COV2? Una scuola diversa, in linea con le esigenze dei ragazzi del nostro tempo, segnati dalle ferite emotive, sociali e relazionali che stanno vivendo, deve tener conto di sei principi fondamentali[2] per poter ripartire.

a. *Attenzione alle fragilità educative.* L'aumento degli alunni con bisogni educativi speciali che la scuola sta registrando dopo la pandemia è un campanello di allarme per tutti, ma può diventare opportunità di riforma e di innovazione nella didattica scolastica. Questa situazione di emergenza ha messo in luce il bisogno che la scuola italiana reclamava da anni, ossia una esigenza profonda di inclusione, per poter essere vicina sia ai bambini che hanno necessità di maggiore sostegno e supporto, sia per incoraggiare e spronare le capacità innate e straordinarie che ciascuno di loro possiede; l'obiettivo deve essere, ancor di più, quello di cercare soluzioni adatte e utili a far sì che nessuno resti indietro e che tutti possano avere possibilità di esprimersi al meglio. Una scuola del futuro deve guardare alla diversità e alle differenze come suo punto di forza, dal quale estrarre la propria forza trainante che ne fa la comunità educante alla società del futuro.
b. *Necessità di un contratto educativo tra docenti e studenti.* Si è evidenziato in questo tempo che l'apprendimento e lo sviluppo del bambino non possono essere legati solo al contesto scolastico di una singola materia, ma sono processi che coinvolgono tutti gli attori della comunità educante; è necessario quindi stabilire, per tutti i gradi di scuola, di strategie per regolare le relazioni tra i pari, con i docenti, con le famiglie. La comunità educante è sempre formata dalla scuola-istituzione, dall'alunno e dalla famiglia: questo legame necessità di un rafforzamento costituito da un dialogo costante e schietto che ha come unico obiettivo la crescita e la formazione del bambino; non è ipotizzabile risolvere nessun tipo di criticità emotiva, relazionale, didattica delegando solo alla scuola tale compito.
c. *Riforma del tempo scolastico.* Le tempistiche delle lezioni attuali sono costruite sul modello delle lezioni frontali e lasciano poco spazio al confronto e all'esperienza; una nuova scuola dovrebbe ripartire da una flessibilità che tenga conto delle esigenze specifiche e dei bisogni dei singoli, per poter mettere tutti in condizione di apprendere in maniera serena e proficua. In particolare, si suggerisce di dedicare parte della didattica alle esperienze e ai laboratori, momenti essenziali nei processi

[2] Cfr. STEFANO VICARI – SILVIA DI VARA, *Bambini, adolescenti e Covid-19*, pp.56-59.

di apprendimento, che rafforzano l'acquisizione degli obiettivi ed offrono modi di espressione multiformi da parte degli alunni.

d. *Utilizzo delle nuove tecnologie.* L'esperienza inaspettata della DAD ha aperto la strada ad un nuovo utilizzo del digitale nella scuola: ciò sta introducendo sempre di più il concetto di integrazione tra didattica classica e didattica digitale. Non si tratta di abbandonare i vecchi strumenti (carta, penna, libri, lavagna), bensì di dare loro un ruolo di sussidiarietà; alla lezione frontale può seguire o precedere quella digitale, svolta in classe o da casa, con gli strumenti digitali che favoriscono ed incentivano, con forme nuove ed alternative, i processi di insegnamento ed apprendimento. Il docente, in questo caso, svolge il ruolo di valorizzatore ed attrattore verso gli elementi digitali, puntando sulla loro versatilità e educando il bambino ad una integrazione dei contenuti digitali con gli argomenti proposti durante la lezione.

e. *Selezione dei contenuti proposti.* L'uso di modalità innovative richiede una conseguente riformulazione della proposta formativa. Ci si rende conto che spesso molte attività proposte sono utili ad essere memorizzate in previsione di una verifica e successivamente accantonate; è consigliabile invece, prendendo come riferimento la metodologia di insegnamento delle lingue, dare più spazio alla parte pratica per la memorizzazione di argomenti e discipline, in modo tale da incentivare l'alunno all'utilizzo sul campo delle regole e delle nozioni apprese. In questo ambito, la didattica digitale aiuta in modo notevole a creare spazi di approfondimento e di attività utili ai fini della memorizzazione dei contenuti.

f. *Riformulazione dello studio personale.* Conseguentemente a questo nuovo tipo di impostazione scolastica, che tiene conto delle abilità del singolo e delle molteplici metodologie di apprendimento, anche i classici compiti vanno rivisti e adattati ad una nuova tipologia di didattica. Sarà opportuno utilizzare quindi modalità che consentano al bambino non solo di studiare attraverso attività di ripetizione e memorizzazione di nozioni, ma che comprendano la capacità del singolo nella gestione individuale delle informazioni e del problem solving; in tutto ciò, si tenga conto degli strumenti multimediali, spesso comprensibili ed accattivanti, come opportunità pratiche anche per lo studio a casa.

§2. La Chiesa

In maniera similare alle funzioni di formazione che la scuola svolge, anche la Chiesa ha un ruolo importante, poiché la dimensione dell'iniziazione e della maturazione alla fede è quella che riguarda in modo più incisivo l'uomo e lo tocca nella sua componente più profonda: la componente religiosa dell'educazione non esaurisce la dinamica educativa, bensì la guida, la orienta, la informa, inglobando in sé tutte le altre componenti della crescita e della maturazione umana[3]. La Chiesa ha sempre sentito su di sé la responsabilità di accompagnare gli uomini del proprio tempo nella crescita e nello sviluppo di tutte le dimensioni della vita che aiutano l'uomo a compiere un cammino che lo porta all'incontro con Dio.

La nostra domanda è simile alla precedente: come può essere la nostra Chiesa dopo Covid-19?

Non possiamo più immaginare una Chiesa che vuole ritornare agli schemi e alle dinamiche che si vivevano prima della pandemia, bensì dobbiamo essere capaci di focalizzare lo sguardo sull'umanità dei singoli, alle storie e alle ferite di ciascun uomo che cerca l'incontro con Dio, verso i quali siamo chiamati tutti, consacrati e laici in maniera indistinta, ad essere testimoni di quell'incontro che ci ha salvati, ovvero l'esperienza che facciamo del Cristo Risorto nella nostra esistenza.

È dunque necessario avviare nella nostra Chiesa ferita dalla pandemia e da tante altre piaghe dei processi di guarigione.

> «La Chiesa ha in sé e fin dall'inizio espresso il linguaggio (pur nelle diverse forme culturali) della sequela del crocifisso: quell'unità singolare tra la morte di Gesù e la nostra che rende possibile affrontare il dolore e la morte. Da dove partire se non dalle vittime? Dallo scandalo di quella sofferenza e dal silenzio di Dio. Perché la morte è l'evento più alto e radicale della fede in quanto esistenziale che domina tutta la vita.
> Gesù stesso nella sua esistenza ha vissuto fino in fondo quella realtà, ne ha provato l'orrore, l'inaccettabilità, fino al grido dell'abbandono sulla croce: "Dio mio, perché mi hai abbandonato?" [*Mt* 27,46]; quel grido che ha scosso e scuote la realtà stessa di Dio e che il teologo Jürgen Moltmann, per segnare tutta la lacerante presenza e distanza di Dio, ha ritradotto in: Dio mio, perché ti hai abbandonato?»[4].

È proprio su questo apparente silenzio che l'azione pastorale deve fondare il suo punto di partenza: più che arrovellarsi nella ricerca spasmodica di attività da mettere in campo e di eventi che devono ritornare a riempire le agende delle nostre comunità parrocchiali, una Chiesa ferita

[3] Cfr. GIUSEPPE MARI, *Pedagogia Cristiana come pedagogia dell'essere*, Edizioni La Scuola, Brescia 2001, pp.209-210.

[4] GIANFRANCO BRUNELLI, *La Chiesa e il Paese dopo la pandemia. Intervento all'Assemblea diocesana della Chiesa di Bologna*, 5-06-2020, in https://www.chiesadibologna.it/wp-content/uploads /sites/2/2020/06/01.-Gianfranco-Brunelli.pdf.

dalla pandemia deve saper mettersi in ascolto – a volte anche e solo del silenzio – di questi fratelli che cercano in tutti i modi un conforto, un appiglio, una risposta; l'arte dell'accompagnare è questa: sapersi fare prossimi, prendendosi cura e compartecipando alle sofferenze dei fratelli.

Cosa possiamo fare nel pratico? Iniziamo da questo: accompagnare, farci prossimi, prenderci cura, compartecipare.

Il brano evangelico della guarigione del paralitico ci può aiutare a dare una direzione alla nostra azione pastorale dei prossimi tempi.

Leggiamo infatti nel Vangelo di Marco:

> «Si seppe che era in casa e si radunarono tante persone, da non esserci più posto neanche davanti alla porta, ed egli annunziava loro la parola. Si recarono da lui con un paralitico portato da quattro persone. Non potendo però portarglielo innanzi, a causa della folla, scoperchiarono il tetto nel punto dov'egli si trovava e, fatta un'apertura, calarono il lettuccio su cui giaceva il paralitico. Gesù, vista la loro fede, disse al paralitico: "Figliolo, ti sono rimessi i tuoi peccati!"»[5].

È bello pensare che, prima dell'agire, è proprio la fede e il desiderio di quei quattro amici che cercano in tutti i modi di aiutare il loro compagno provato, stanco e impossibilitato dalla malattia ad incontrare il Signore, a donare a lui la guarigione spirituale e fisica.

> «L'azione di Cristo è una diretta risposta alla fede di quelle persone, alla speranza che ripongono in Lui, all'amore che dimostrano di avere gli uni per gli altri. E quindi Gesù guarisce, ma non guarisce semplicemente la paralisi, guarisce tutto, perdona i peccati, rinnova la vita del paralitico e dei suoi amici. Fa nascere di nuovo, diciamo così. Una guarigione fisica e spirituale, tutto insieme, frutto di un incontro personale e sociale. Immaginiamo come questa amicizia, e la fede di tutti i presenti in quella casa, siano cresciute grazie al gesto di Gesù»[6].

In definitiva, senza scendere nello straordinario, la nostra quotidianità dovrebbe essere impregnata del desiderio di essere degli accompagnatori gli uni degli altri, per sostenerci e per ricominciare a camminare. Ricostruire, a partire dalle nostre relazioni sociali, quei rapporti basati sulla verità e che hanno al centro il desiderio di incontrare Cristo; soltanto così la Chiesa potrà superare questo tempo di smarrimento e di crisi, camminando e sostenendoci gli uni gli altri per vivere pienamente l'incontro con Cristo, l'unico capace di guarire, di ridare forza, di ridestare la nostra fede, di farci essere testimoni.

A conclusione di questo lavoro, sviluppato in un contesto del tutto fuori ogni sorta di ordinarietà, sia per il mondo della scuola che per il contesto ecclesiale, sento di lasciare a tutti

---

[5] Cfr. *Mc* 2,1-5.

[6] FRANCESCO, *Udienza Generale*, 5-08-2020, in https://www.vatican.va/content/francesco/it/ audiences/2020 /documents/papa-francesco_20200805_udienza-generale.html.

coloro che vivono l'esperienza dell'insegnamento una considerazione che ho maturato nella mia piccola esperienza.

Insegnare e poter donare qualcosa che fa parte di te a qualcuno è un impegno bellissimo, ma che va preso a cuore e portato a compimento con serietà e responsabilità; l'insegnamento è compartecipazione, è invenzione, è miglioramento. Non esiste un insegnante perfetto, come non esiste un cristiano perfetto, ma la differenza in ciò che si vuol donare sta nell'amore che il maestro e il catechista mettono in gioco quando sono chiamati a svolgere questo compito.

Non dobbiamo e non possiamo dimenticare che la scuola e la Chiesa sono fatte di relazioni umane, nelle quali ognuno di noi deve mettere al centro le fragilità, le imperfezioni e le mancanze di questi piccoli che vengono affidati alla nostra formazione.

Il monito, che si fa augurio, affinché nessun insegnante lo dimentichi mai, viene ancora una volta dalle parole di Papa Francesco, con le quali mi piace terminare:

> «Il dovere di un buon insegnante – a maggior ragione di un insegnante cristiano – è quello di amare con maggiore intensità i suoi allievi più difficili, più deboli, più svantaggiati. Gesù direbbe: se amate solo quelli che studiano, che sono ben educati, che merito avete? E ce ne sono alcuni che fanno perdere la pazienza, ma quelli dobbiamo amarli di più! Qualsiasi insegnante si trova bene con questi studenti. A voi chiedo di amare di più gli studenti "difficili", quelli che non vogliono studiare, quelli che si trovano in condizioni di disagio, i disabili, gli stranieri, che oggi sono una grande sfida per la scuola[7]».

Solo così, amando tutti i più piccoli che il Signore pone sul nostro cammino – sono essi il futuro dell'umanità –, saremo in grado un buon lavoro, ma soprattutto daremo loro una buona testimonianza con la speranza che siano loro a ricostruire una scuola e una Chiesa rinnovata, capace di dare nuove risposte dopo il tempo duro e difficile della pandemia.

---

[7] FRANCESCO, *Discorso ai membri dell'Unione Cattolica Italiana Insegnanti*, 14-03-2015, in https://www.vatican.va/content/francesco/it/speeches/2015/march/documents/papa-francesco_20150314 _uciim.html.

BIBLIOGRAFIA

Fonti:

ARCIDIOCESI DI SALERNO-CAMPAGNA-ACERNO, *Lettera di chiusura dei luoghi di culto*, 12-03-2021, in http://www.diocesisalerno.it/wp-content/uploads/2020/03/Lettera-per-chiusura-chiese.pdf.

BIBBIA DI GERUSALEMME, Edizioni Dehoniane Bologna, Bologna 2009.

CONCESSIONARIA SERVIZI INFORMATIVI PUBBLICI, *Comunicato*, 9-03-2020, in https://www.consip.it/media/news-e-comunicati/emergenza-covid-19-aggiudicat a-la-prima-procedura-d-urgenza-per-la-fornitura-di-dispositivi-medici-per-la-terapia-intensiva-e-sub-intensiva.

CONCILIO VATICANO II, *Costituzione Apostolica Sacrosanctum Concilium*, 4-12-1963, in *AAS* 56 (1964), pp.97-138.

CONFERENZA EPISCOPALE ITALIANA, *Comunicato stampa*, 8-03-2020, in https://www.chiesacattolica .it/decreto-coronavirus-la-posizione-della-cei/.

COSTITUZIONE DELLA REPUBBLICA ITALIANA, art.19, in https://www.senato.it /1025?sezione= 120&articolo_numero_articolo=19#:~:text=Tutti%20hanno%20diritto%20di%20professare, contrari%20al%20buon%20costume%20%5Bcfr.

FRANCESCO, *Discorso ai membri del consiglio nazionale dell'Azione Cattolica Italiana*, 30-04-2021, in http://www.vatican.va/content/francesco/it/speeches/2021/april/documents/papa-francesc o_20210430_azione-cattolica.html.

ID., *Discorso ai membri dell'Unione Cattolica Italiana Insegnanti*, 14-03-2015, in https://www.vatican.va/content/francesco/it/speeches/2015/march/documents/papa-francesc o_20150314_uciim.html.

ID., *Momento straordinario di preghiera in tempo di pandemia*, 27-03-2020, in http://www.vatican.va/content/francesco/it/homilies/2020/documents/papafrancesco_202003 27_omelia-epidemia.html.

ID., *Motu proprio Antiquum Ministerum*, 10-05-2021, in http://www.vatican.va/ content/francesco/it/motu_proprio/documents/papa-francesco-motu-proprio-20210510_anti quum-ministerium.html.

ID., *S. Messa*, 26-04-2021, in https://www.repubblica.it/vaticano/2020 /04/28/news/il_papa_ obbediamo_alle_regole_per_non_far_tornare_la_pandemia_-255069974/.

ID., *Saluto a dirigenti e studenti dell'Istituto "Ambrosoli" di Codogno (LO)*, 22-05-2021, in https://www.vatican.va/content/francesco/it/speeches/2021/may/documents/papa-francesco_20210522_istitutoambrosoli-codogno.html.

ID., *Udienza Generale*, 5-08-2020, in https://www.vatican.va/content/francesco/it/audiences/2020/documents/papa-francesco_20200805_udienza-generale.html.

GAZZETTA UFFICIALE DELLA REPUBBLICA ITALIANA n.26, 1-02-2020, *Delibera del Consiglio dei Ministri*, 31-01-2020.

ID. n.26, 1-02-2020, *Ordinanza del ministero della Salute n.30*, 30-01-2020.

ID. n.45, 23-02-2020, *Decreto-legge del Consiglio dei ministri n.6*, 23-02-2020.

ID. n.55, 4-03-2020, *Decreto del Presidente del Consiglio dei ministri*, 4-03-2020.

ID. n.59, 8-03-2020, *Decreto del Presidente del Consiglio dei ministri*, 8-03-2020.

ID. n.62, 9-03-2020, *Decreto del Presidente del Consiglio dei ministri*, 9-03-2020.

ID. n.275, Supplemento Ordinario n.41, 4-11-2020, *Decreto del Presidente del Consiglio dei ministri*, 3-11-2020.

GIOVANNI PAOLO II, *Catechismo della Chiesa Cattolica*, 11-10-1992, Edizioni Libreria Editrice Vaticana, Città del Vaticano 1992.

ID., *Esortazione apostolica Christifideles Laici sulla vocazione e missione dei laici sulla chiesa nel mondo*, Roma, 30-12-1988, in *AAS* 81(1989), pp.393-521.

ISTITUTO COMPRENSIVO STATALE DI MEDICINA, *Circolare*, 3-03-2020, in https://icmedicina.edu.it/.

ID., *Piano Triennale dell'Offerta Formativa* 2019/20-2021-22, in https://icmedicina.edu.it/.

MINISTERO DELL'ISTRUZIONE, DELL'UNIVERSITÀ E DELLA RICERCA, *Direttiva*, 27-12-2012, in https://miur.gov.it/web/guest/ricerca-tag//asset_publisher/oHKi7zkjcLkW/document/id/368339.

ID., *Nota* n.388, 17-03-2020, in https://miur.gov.it/documents/20182/0/Nota +prot.+388+del+17+marzo+2020.pdf/d6acc6a2-1505-9439-a9b4-735942369994?version=1.0&t=1584474278499#:~:text=Oggetto%3A%20emergenza%20sanitaria%20da%20nuovo,le%20attività%20didattiche%20a%20distanza.

ID., *Nota* n. 1190, 5-11-2020, in https://www.miur.gov.it/documents/20182/0/m_pi. AOODPIT.REGISTRO+UFFICIALE%28U%29.0001990.05-11-2020.pdf/f3 7c907d-f834-d277-f439-ea40ae408093?t=1604594338648, [accesso: 5 maggio 2021].

ID., *Piano Nazionale Scuola Digitale*, 27-10-2015, in https://www.miur.gov.it /documents/20182/50615/Piano+nazionale+scuola+digitale.pdf/5b1a7e34-b678-40c5-8d26-e7b646708d70?version=1.1&t=1496170125686.

ORGANIZZAZIONE MONDIALE DELLA SANITÀ, *Conferenza Stampa*, 11-03-2020, in https://www.who.int/director-general/speeches/detail/who-director-general-s-opening-remarks-at-the-media-briefing-on-covid-19---11-march-2020.

PATTI LATERANENSI, *Concordato tra la Santa Sede e l'Italia*, in https://www. vatican.va/roman_ curia/secretariat_state/archivio/documents/rc_segst_19290211_pattilateranensi_it.html#CO NCORDATO_FRA_LA_SANTA_SEDE_E_LIT ALIA.

REGIONE EMILIA-ROMAGNA, *Decreto* n.36, 15-03-2020, in https://www.regione.emilia-romagna.it/notizie/2020/marzo/coronavirus-chiuso-il-comune-di-medicina/ordin anza-15-marzo-2020-decreto-36_2020https://www.regione.emiliaromagna.it/notizie/2020/marzo/ coronavirus-chiuso-il-comune-di-medicina/ordinanza-15-marzo-2020-decreto36_2020.pdf. pdf.

UFFICIO CATECHISTICO NAZIONALE DELLA CONFERENZA EPISCOPALE ITALIANA, *Ripartiamo Insieme. Linee guida per la catechesi in Italia in tempo di covid*, 4-09-2021, in https://catechistico.chiesacattolica.it/wp-content/uploads/sites/11/2020/09/08/1-Linee-Guida-Ripartiamo-insieme.pdf.

Letteratura:

AGASSO DOMENICO, Coronavirus Fase 2, accordo tra governo e Cei: dal 18 maggio si può celebrare messa con i fedeli, *La stampa*, 7-05-2020, in https://www.lastampa. it/cronaca/2020/05/07/news/coronavirus-fase-2-accordo-tra-governo-e-cei-dal-1 8-maggio-si-puo-celebrare-messa-1.38815203.

ANOLLI LUIGI, *Lo sviluppo emotivo precoce*, Edizioni Cortina, Milano 1995.

ARCIDIOCESI DI UDINE, *Diventare cristiani nella comunità. Scelte pastorali per l'Iniziazione cristiana degli adulti*, 12-05-2005, in http://catecumenato.diocesiudine.it/wp-content /uploads/sites/ 15/2018/03/diventare_cristiani_IIed .pdf.

BALDWIN JAMES, *Mental development in the child and the race*, Edizioni Macmillian, New York 1985.

BANDURA ALBERT, *Social cognitive theory of moral thought and action*, Edizioni Erlbaum, Hillsdale 1991.

BARONCINI VALERIO, Coronavirus, la Regione non aspetta. Medicina è zona rossa, *Il Resto del Carlino*, 16-03-2020, in https://www.ilrestodelcarlino.it/bologna/ cronaca/medicina-zona-rossa-1.5071062.

BIONDI MASSIMO (a cura di), *DSM-5. Manuale diagnostico e statistico dei disturbi mentali*, Edizioni Raffaello Cortina, Milano 2014.

BOLWBY JOHN, *Attaccamento e perdita. Vol 1: L'attaccamento alla madre*, Edizioni Bollati Boringhieri, Torino 1972.

BORNSTEIN MARK H. – LAMB MICHAEL E., *Lo sviluppo percettivo, cognitivo e linguistico*, Edizioni Cortina, Milano 1992.

BROWN ROBERT, *Psicologia sociale*, Edizioni Einaudi, Torino 1980.

BRUNELLI GIANFRANCO, *La Chiesa e il Paese dopo la pandemia.* Intervento all'Assemblea diocesana della Chiesa di Bologna, 5-06-2020, in https://www.chiesadibologna.it/wp-content/uploads/sites/2/2020/06/01.-Gianfran co-Brunelli.pdf.

BRUNER JEROME, *Il linguaggio del bambino*, Edizioni Armando, Roma 1987.

CAMAIONI LUIGIA, *Manuale di psicologia dello sviluppo*, Edizioni il Mulino, Bologna 1993.

ID. – DI BLASIO PAOLA, *Psicologia dello sviluppo*, Edizioni Il Mulino, Bologna 2007².

CAPORALE CINZIA – PIRNI ALBERTO (a cura di), *Pandemia e Resilienza. Persona, comunità e modelli di sviluppo dopo la Covid-19*, Edizioni CNR, Roma 2020.

CARANFA ANGELO, *Strategie didattiche per la scuola innovativa*, Edizioni Independently Publishers, Chicago 2018.

CHOMSKY NOAM, *Regole e rappresentazioni*, Edizioni Il Saggiatore, Milano 1981.

CIMBALO GIOVANNI, Il papa e la sfida della pandemia, in *Stato, Chiese e pluralismo confessionale*, 13 (2020), n.9.

CORTI RENATO, *La Parrocchia, Chiesa che vive tra le case degli uomini*, Relazione all'assemblea straordinaria dei vescovi italiani, 18-11-2003, in https:// www.notedipastoralegiovanile .it/index.php?option=com_content&view=article&id=6362:la-parrocchia-chiesa-che-vive-tra-le-case-degli-uomini&catid=353& Itemid=1013.

D'AMICO SIMONETTA – DEVESCOVI ANTONELLA (a cura di), *Psicologia dello sviluppo del linguaggio*, Edizioni Il Mulino, Bologna 2001.

DI GIORGIO STELLA (a cura di), *Piccola Guida ai DSA. I disturbi specifici dell'apprendimento: caratteristiche, strumenti, trattamento e PDP*, Collana Edulica vol.2, Edizioni 110eLode.Net, 2020.

EMILIANI FRANCESCA – CARUGATI FELICE, *Il mondo sociale del bambino*, Edizioni il Mulino, Bologna 1985.

EPIDENDIO TOMMASO, Per la riscoperta delle radici cristiane dell'Europa, in *L-Jus* 3 (2020) n.1.

GRILLO ANDREA, *Riti che educano. I Sette sacramenti*, Edizioni Cittadella, Assisi 2011.

GUGG GIOVANNI, *I riti della pandemia*, in https://istitutoeuroarabo.it/DM/i-riti-della-pandemia/.

GUIGONI ALESSANDRA – FERRARI RENATO, *Pandemia 2020. La vita quotidiana in Italia con il Covid-19*, Edizioni M&J Publishing House, Danyang 2020.

IZARD CARROL, *The Psychology of emotions*, Edizioni Plenum Press, New York 1991.

LEVORATO MARIA CHIARA, Lo sviluppo cognitivo, in CAMAIONI LUIGIA (a cura di), *Manuale di psicologia dello sviluppo*, Edizioni Il Mulino, Bologna 1999.

MARI GIUSEPPE, *Pedagogia Cristiana come pedagogia dell'essere*, Edizioni La Scuola, Brescia 2001.

MARTURANO LORICA, *In me(DIO) stat Vir(t)us*, in https://www.diritto.it/in-medio-stat-virtus/.

MILITERNI ROBERTO – MILITERNI GUIDO, *Psicologia dello sviluppo*, Edizioni Idelson-Gnocchi, Napoli 2013[3].

OLIVERO DERIO (a cura di), *Non è una parentesi. Una rete di complici per assetati di novità*, Edizioni Effatà, Cantalupa 2020.

ORLANDI PASQUALE, *Memorie storiche della terra di Medicina*, Edizioni Atesa, Bologna 1991.

PIAGET JEAN – INHELDER BÄRBEL, *Lo sviluppo delle quantità fisiche del bambino*, Edizioni La Nuova Italia, Firenze 1971.

ID., *Il giudizio morale nel fanciullo*, Edizioni Giunti-Barbera, Firenze 1972.

ID., *La costruzione reale del bambino*, Edizioni La Nuova Italia, Firenze 1973.

ID., *La formazione del simbolo nel bambino*, Edizioni La Nuova Italia, Firenze 1973.

ID., *Lo sviluppo mentale del bambino e altri studi di psicologia*, Edizioni Einaudi, Torino 1967.

PLUTCHIK ROBERT, *Emotion in early developlment: a psycoevolutionary approach*, Edizioni Academy Press, New York 1983.

QUAMMEN DAVID, *L'evoluzione delle pandemie*, Edizioni Adelphi, Milano 2014.

RECALCATI MASSIMO, *Le nuove melanconie. Destini del desiderio nel tempo ipermoderno*, Edizioni Raffaello Cortina, Milano 2019.

RUGGERO FABIO (a cura di), *A Diogneto*, Edizioni Città Nuova, Roma 2020.

SCHAFFER RUDOLF, *Lo sviluppo sociale*, Edizioni Cortina, Milano 1998.

SEGRE ANNA – LEONARDI ALESSANDRA, Rompere la campana di vetro. Ovvero, emozioni ai tempi del Covid, *Il Sole 24 Ore*, 6-11-2020, in https://www.ilsole24ore .com/art/rompere-campana-vetro-ovvero-emozioni-tempi-covid-ADBHTl0.

SIMONI GIUSEPPE, *Cronistoria del Comune di Medicina*, Edizioni Atesa, Bologna 1991.

SNOW CATHERINE E. – FERGUSON CHARLES A., *Talking to Children: Lenguage input ad acquisition*, Edizioni Cambridge University Press, Cambridge 1977.

SPADARO ANTONIO, La Scuola e la Chiesa nella Pandemia, in *La Civiltà Cattolica* 171(2020) n.4089.

TASSI GABRIELE, *Covid:* Medicina da zona rossa a comunità dell'anno, *Il Resto del Carlino*, 31-12-2020, in https://www.ilrestodelcarlino.it/bologna/cronaca /medicina-comunita-dell-anno-1.5864609.

THELEN ESTHER - ULRICH BEVERLY D. – JENSEN JODY L., *The developmental origins of locomotions*, Edizioni University of South Carolina Press, Columbia, 1989.

UFFICIO CATECHISTICO NAZIONALE DELLA CONFERENZA EPISCOPALE ITALIANA, *Ripartiamo Insieme. Linee guida per la catechesi in Italia in tempo di covid*, 4-09-2021, in https://catechistico.chiesacattolica.it/wp-content/uploads/sites/11/2020/09/08/1-Linee-Gu ida-Ripartiamo -insieme.pdf, [accesso: 16 maggio 2021].

UFFICIO CATECHISTICO REGIONALE DELL'EMILIA-ROMAGNA, *Una comunità che genera e accompagna nella fede. Alcune linee comuni per la progettazione di cammini educativi nella fede*, 30-06-2018, in https://diocesipiacenzabobbio.org/wp-content/uploads/2019/04/Progetto -reg-uc-pg-Vescovi-CEER-Marola-giugno-2018.pdf.

VICARI STEFANO – DI VARA SILVIA (a cura di), *Bambini, adolescenti e Covid-19. L'impatto della pandemia dal punto di vista emotivo, psicologico e scolastico*, Edizioni Erikson, Trento 2021.

VYGOTSKIJ LEV SEMËNOVIČ, *Il processo cognitivo*, Edizioni Bollati Boringhirti, Torino 1987.

INDICE

Printed by Books on Demand GmbH, Norderstedt / Germany